35歳までに必ずやるべきこと

運をつかむ人になれ

重茂《おもい》 達《とおる》 アデコキャリアスタッフ㈱前社長

かんき出版

はじめに

幸運をつかめる人とつかめない人の違いは、どこにあるのでしょうか。

私は、今まで人材ビジネスに携わってきましたので、数千人もの方々に面接してまいりました。その人たちと面接しながら、「この人は運が良くなりそうだなあ」とか「この人はなかなか運がつかめないのでは」とよく感じたものです。その後、フォローできたほとんどの方が、私の感じたとおりになっているようです。

その違いは、「常にポジティブな考えをしているかどうか」「他人を大切にしているかどうか」「行動に移す勇気があるかどうか」だと思います。

幸運というのはいつも、あなたの前を行ったり来たりしています。しかもチャンスの顔をせずに、リスクの顔をしている場合が多いのです。では目に見えない運をどうやってつかむか。

私は「運をつかむ力」というのは、磁石の磁力の強さと同じではないかと思うのです。幼少のころ、砂場で磁石を持って砂鉄を集めたことはありませんか?　砂鉄も砂場ではどこにあるかは見えません。そのとき強い磁力を持っている磁石は、多くの砂鉄を集められますが、弱ければあまり集められません。

運も磁力と同じで自分の力（自力）が強いほどつかみやすいのです。

ではどうやって自力を高め、運をつかむかが、本書の目的です。また本書のタイトルを、「三十五歳までに……」としたのは、私が今までに面接をしてきて、人の職業人としての基礎は、三十五歳までに固めなければならないと痛感したからです。

三十五歳までは、人の心は柔軟性に富み新しいことを受け入れやすく、物事を学ぶ姿勢も積極的です。ところが、多くの人の場合、三十五歳を過ぎたあたりから、過去にこだわり、変化に抵抗する心理状態に陥っていくようです。もちろん、何歳になっても精神の柔軟性を失わない見事な人々にも何人もお会いしていますが、一般的に三十五歳というのはひとつの節目であるように思います。

本書はあくまでも職業人として大きく飛躍し、社会的に認められる人間になるためにどうあるべきかという視点から書いたものです。

「幸福は絶対の主観である」の言葉どおり、職業人として成功することだけが人の幸福ではないのは論を俟《ま》たないことです。

しかし私たちは、一生の大半の時間を職業のために費やしています。そのビジネスの分野で競争に打ち勝っていくことは、幸福により近づくことなのではないでしょうか。

ビジネスの分野で成功するためには、自身の努力が大切であることはもちろんですが、幸運に恵まれることはもっと大事であるとさえ言えるでしょう。本書の狙いは、この点です。

※

私は早くに両親に死に別れ、高校を卒業するとすぐに就職せざるをえないという境遇からスタートしました。

二十五歳のときに、これからは国際化の時代だと信じ、英語もまったく喋れないのに、外資系の会社に飛び込んだのです。

外資系三社めは、世界最大の人材派遣会社で、日本進出を狙っていました。誘われるままに、私一人でゼロからスタートした会社でしたが、十六年後には売り上げ一三〇〇億円の日本でもトップクラスの人材派遣会社アデコキャリアスタッフへと成長し、社長を務めるという幸運に恵まれました。

私のこれまでの人生を振り返ったとき、本当に驚くほど良いタイミングで、良いことにたくさん出合っています。そして、それは「運が良かった」としか表現できないものなのです。

この幸運ということに対して、私は自分の人生に感謝していますが、幸運に恵まれたことが偶然なのか、必然だったのかは自分ではわかりません。

ただ、常に前向きで楽観的に明るく振る舞い、逆境をバネにして生きてきたこと、また「前悔はしても後悔はしない」という信念で生きてきたことで、多少なりとも幸運にめぐりあうチャンスが広がったのでは……と思っております。

私は職業人生における自己研鑽には、知識・技能・人格という三つの側面があると思っております。

知識とは、その人が対峙している仕事を進めていく上での法律的知識、業務上の知識、関連する分野の知識や顧客企業およびその業界に関する知識などです。

技能とは、パソコン操作技能、コミュニケーション能力、提案書・企画書・報告書の作成などの広範囲な技能です。

人格とは、最も難しい側面で、講習やセミナーや研修でも効果がなかなか出にくい部分です。しかし実はこの面が最も大事であり、私たちの人生に大きな影響を与える点であろうと思います。人格形成・人間性向上とはその人の生き方そのものでありまず。毎日の仕事を通じて困難を乗り越えながら成長するものです。

また読書、観劇などで一般的教養を身につける。スポーツなどの趣味を通じて色々な人々と交わり刺激を受ける。このような幅広い活動のなかで人間性を高め、長い年月を重ねて、人格を大きく丸くしていくということができるのだと思います。

このような三つの側面から自己研鑽を積むことによって、幸運が近づいてきてくれるのではないかと思います。言い方を変えれば、幸運が近づいてきたときに、その幸運をつかむことのできる状態に自分自身を持っていっておくことが重要なのだと思います。

自分自身がその位置に到達していなければ、せっかくの幸運が自分の頭上をす―っと通りすぎていってしまうでしょう。

これから職業人として活躍の場を広げていかれる方々に、本書が少しでも参考になれば、著者としてこれにまさる喜びはありません。

２００２年６月

重茂　達

35歳までに必ずやるべきこと

目次

はじめに――1

能動的に生きる

1 自分で風を起こしてその風に乗れ――16
2 武器を拾いながら走る――18
3 好きじゃないことにも挑戦してみる――20
4 腐ったリンゴにならないように――22
5 思い切って飛び込む勇気を持つ――24
6 広い世間で通じる人間を目指せ――26
7 プラスアルファの価値を身につける――28
8 会社には貸しを作っておく――30
9 仕事から逃げても逃げ切れない――32

プラス思考を習慣にする

10 前悔しても後悔だけはするな！――36
11 すべてプラス思考でとらえる――38

12 「できる」と念じ続ける――40
13 マイナスの言葉は口にしない――42
14 ラッキー人間は楽観人間――44
15 やればできることは山ほどある――46
16 「禍を転じて福となす」を信じる――48
17 仕事は楽しんだほうが勝ち――50
18 何事もくよくよ考えない――52
19 一周遅れの勝利ということもある――54
20 不運が続いたときはこう考える――56
21 勝者と敗者の決定的な差はここ！――58

最大限の努力とは

22 チャンスを最大限に活かす――62
23 ケタ外れの努力が本当の努力――64
24 やると決めたら徹底してやり遂げよ――66
25 成果が出るまで続ける！――68

26 強さとやさしさを併せ持つ 70
27 本当のサービス精神とは 72
28 「適当」にやると「不適当」な結果になる 74
29 量、質、スピードを意識する 76
30 常にメモを取る用意をしておく 78

自分との接し方

31 自分を好きになろう 82
32 他責の人になるな、自責の人になれ 84
33 自分で燃えられる人間になる 86
34 熱く燃える時期を持とう 88
35 自分の人生は、自分でシナリオを書く 90
36 やる気は待っていても来てくれない 92
37 PACの三つの役割 94
38 自他認識の違いを知る 96
39 人生はその人の考えたとおりになる 98

40 いくつになっても学ぶ姿勢を持つ――100
41 恐れる心を恐れよう――102
42 感謝の気持ちを表わす習慣――104
43 パニックを解決する二つの法則――106
44 いつも笑顔を絶やさない――108

人との接し方

45 誉めるとき、叱るとき――112
46 良いチームプレーヤーたれ――114
47 注意されない人は見放された人かも！――116
48 謝るときには徹底して謝れ――118
49 他人の悪口は言わない――120
50 小さな成功体験を積み重ねさせる――122
51 短所こそプラスの要因になる――124
52 他人に尽くせば自分に返ってくる――126
53 人を良いほうへ変える切り札とは？――128

仕事への取り組み

54 皮一枚外側はすべて営業と心得る 132
55 少しも進歩しない人 134
56 若いときは目先のことを考えるな 136
57 常に三カ月先を見て仕事をする 138
58 仕事は即刻処理を旨とする 140
59 問題は小さいうちに手をつける 142
60 次へつなげる努力をする 144
61 準備と段取りを重んじる 146
62 情報を大切にする 148
63 数字に強い人間になる 150
64 自分の会社全体を売り込む 152
65 管理という言葉は使わない 154

コミュニケーション上手になる

66 コミュニケーションの原点は挨拶 158
67 「ごめんなさい」が言える人になる 160
68 どんなことも丸く伝える 162
69 まるでわかっていない人 164
70 表情、動作に気を配る 166
71 敬語の使い方を身につける 168
72 電話の大切さを認識する 170
73 会社への来客をどう迎えるか 172

ものの考え方

74 会社は金を貰える道場だ 176
75 常に初心を忘れない 178
76 怠け心をねじ伏せる 180
77 「人と同じでいい」と思わない 182

78 信用を壊す要素 184
79 仕事は良くできて当たり前 186
80 役割を認識する 188
81 順調なときに失敗の芽は育つ 190
82 忙しいと言わずに忙しくする 192
83 遅すぎるということはない 194
84 つらい状態ではこう考えればいい 196
85 幸運に巡り合う五つの秘訣 198
エピローグ●運で流れを変えた私 201

装丁　渡辺弘之
装画　染谷ユリ

能動的に生きる

1 自分で凪を起こしてその凪に乗れ

もし現状に不満があったり、自分の生き方に疑問を感じているなら、自ら凪を起こすことを考えてみてください。チャンスは寝ていては来てくれません。

無風状態で凧を揚げるとき、自分で走って凪を起こします。

飛行機も自らが猛スピードで走って浮力を獲得します。個人もこの手法を採り入れてみてはどうでしょうか。

自分で凪を起こして、その凪に乗るのです。

たとえば仕事のやる気が失せたようなとき、自分から上司に「これだけやります」と目標を申し出てがんばるとか、自分なりの計画を立てて「ここまでできたら自分にご褒美を与える」というのも一つの方法です。

司法試験の勉強をしていたA君は、学習計画を綿密に立て「ここまでできたら彼女に電話する」「コーヒーを飲む」といった形でがんばり、見事合格したそうです。

ほかにも「習慣に埋没しているな」と思えるときは、あえて習慣を変えてみるのも良いでしょう。

現状が不満ということでなくても、充実感が足りないとか、活力が出てこないようなときは、とにかく自分から動いてみることです。

動けば風が起きます。そうすると、新しい発想が生まれたり、思いがけないチャンスが巡ってくるものです。自分から動くというのは、何も表にあらわれた行動に限りません。考え方で風を起こすこともできます。

ずっと昔、私が行商のような仕事をしていたとき、なんとか食べてはいけましたが、このまま仕事を続けることにいつも疑問を持っていました。そんなある日、私は交通事故に遭ってしまったのです。そのとき入院先のベッドの上で、

「この事故はきっと神様が『お前は何か別の仕事をやりなさい』と言っているのだ」

と考え、商売をたたんで別の仕事につきました。

こういう解釈の仕方も、自分の頭の中に風を起こすことだと思います。

とくに大きな問題を抱えることもなく、ほどほど満足できる状況におかれると、人間はそのライフスタイルが一種の習慣になって、だらだら生きてしまいがちです。

これがいわゆる「ぬるま湯状態」ですが、そういう状態に長く身をおきすぎると、出るに出られなくなってしまいます。

2 武器を拾いながら走る

ある友人がぽろっと口に出したのが、「自分は武器を拾いながら走るのだ」という言葉でした。私がこの言葉に敏感に反応したのは、意識はしていなかったけれど、自分もそうやって生きてきたからだと思います。

誰しも社会に出たときは、何の武器も持たずに素手同然で仕事を始めるわけです。なかには学生のうちから、あるいは卒業と同時に起業したりして、そのまま成功してしまうスーパーマンみたいな人たちもいますが、たいていの人たちは、社会へ出て走りながら武器を拾っているのだと思います。

私はそのようなスーパーマンではありませんでしたので、まず高校を卒業し就職してまもなく、「夜学で大学へ行こう」と決心しました。大学へ行くことは社会で生きる一つの武器になると思ったからです。

二十五歳でＩＭＳという外資系の会社に入ったときは、超多忙な仕事の合間をぬって、英会話学校へ通いました。国際化時代には英語は不可欠な道具と思ったからです。

誰でも働きながら、さまざまな知識や技術、能力を身につけていきます。振り返ってみると、社会へ出て働きながら身につけた武器がなかったら、とても今日の私は存在していないでしょう。それほど社会へ出てからたくさんのことを学ばせてもらったのです。

人によっては、社会に出てからうまく武器を拾える人もいれば、うまく拾えずに立ち往生している人もいます。その差は心がけだと思います。やはり自分から武器が必要だと思い、それを拾う努力をする必要があります。

私の場合は、仕事の選り好みをしなかったことが良かったと思います。

期間は短かったですが、小さな印刷会社に住み込んだときは、一人で五役も六役も引き受けていました。「あれは嫌だ」「これはやりたくない」などと言っている余裕はありませんでしたし、やれる仕事があることが幸せでした。

特に若い人のなかに「これは自分は苦手です」「好きじゃありません」などと言う人をよく見かけます。まだ社会に出てそれほど日が経っていない人が、そういうことを言っていては、良い武器はなかなか拾えません。

自分が戦う武器は、これから調達するのです。武器の性能を知るためにも何でも貪欲に引き受ける気概を持って欲しいと思います。

3　好きじゃないことにも挑戦してみる

野村證券の中興の祖といわれた奥村綱雄元社長の話だったと思います。新入社員だった奥村氏が机に向かって仕事をしていると、当時の社長がそばに来て、

「どうだね、仕事は面白いかね」

と聞かれたそうです。奥村氏は社長に対して面白くないとは言えないし、

「はい、面白いです」

と答えたそうです。すると社長は、

「そうか、面白いか。だったら給料はいらないね。むしろ入場料でも貰うか。キミね、仕事というのは最初はつまらないものだよ。でもね、いつまでも面白くないというのは本人の責任だ。仕事の面白さは自分で探し出すものだ」

と笑いながら言われたそうで、非常に印象に残ったのだそうです。

このことは人間関係でも同じです。

「嫌いな人とは付き合わない」では、人間関係の幅を狭めてしまいます。いつも同じ

仲間や気の合う人とだけ付き合っていると、情報がいつも同じになってしまいます。そのような付き合いかたは、気は楽ですが、人間としては成長できなくなります。

人間関係でいちばん長続きするのは、「初めは嫌いだったけれど、だんだん好きになった関係」だという人もいます。「初めから好きで、今も好き」という人間関係は理想ですが、これは一番少ないといいます。

このことからわかるのは、人間は付き合ってはじめて良さを理解することが多いということでしょう。

仕事も人間関係と同じです。嫌いな仕事でも取り組んでいると、ある瞬間に「楽しくなる」「好きになる」ことが必ずあるのです。このような人は強い。難問が起きても決して投げ出さない。

逆に、入社早々、やりたかった仕事に配属されると、仕事の壁にぶち当たったとき、仕事に飽きてきたり、嫌になってしまうケースが多くあるのです。

「好きこそ物の上手なれ」という言葉がありますが、今の好き嫌いにとらわれることなく、若いうちはあらゆる仕事に前向きで取り組み、色々なタイプの人と幅広く付き合っているうちに「好きになる」ことが大切です。

4 腐ったリンゴにならないように

「仕事の面白さは自分で探せ」と書きましたが、どうしても楽しくない、嫌だ、つらいという状態が一年以上続くようだったら、思い切って新しい職場を見つけたほうが良いと思います。

人間はどんな仕事でも合うというものではありません。営業畑が合う人もいれば、人と顔を合わせず、デスクでこつこつとする仕事が向いている人もいます。また、物を作るのが好きな人もいれば、お客様相手にサービスをするのが好きな人もいます。

自分に合わない仕事をいやいやしていると、自分が成長できないだけでなく、だんだん気分的に腐ってきます。そうなってしまうと、なかなか立ち直るのが難しい。だから、いくらがんばっても好きになれない、つまらなくて仕方がないと思ったら、その職場から出ていくのが一番だと思います。

昔は色々な会社を渡り歩くのは、腰の落ち着かない人間として、評価が低かったものです。今は転職が当たり前の世の中で、仕事の内容にもよりますが、会社を短期間で変わるのは、それだけ能力があるという見方もされるようになってきました。

私も何度か転職を繰り返しました。

最初に勤めたNHKで、勤めはじめてすぐに「辞めよう」と思ったのは、学歴偏重の職場が若い私には少しも魅力的に感じられなかったからです。

大過なく過ごせば一生いられる職場ではありましたが、ぬるま湯に長いことつかれば、出られなくなるだけでなく「ユデガエルになってしまうのでは……」と私は思いました。温度が低くてもヤケドすることがあります。私にとってのNHKは低温ヤケドの危険性があったのです。NHKに五年間在籍しながら夜学の大学へ通い、卒業と同時にきっぱりと辞めてしまったのですが、もし不本意な気持ちのまま居続けたら、私は間違いなくユデガエルか腐ったリンゴになっていたと思います。

これからは正社員が減り、契約社員や派遣社員が増える時代です。大学新卒の就職戦線も様変わりしています。企業は必要なときに必要な人材を求めます。ヘッドハンティングはますます盛んになるでしょう。

こういう変化に応えるためには、自分を磨くしかありません。いやいや仕事をしているようでは、とても自分磨きはできません。それはあなたにとっても会社にとっても不幸なことなのだと思います。

5 思い切って飛び込む勇気を持つ

何かあったときに、あまり慎重になって石橋を叩いていていては何もできません。やらなければならないときは、思い切って飛び込む勇気も必要です。

以前、ある大手のコンピュータ会社に勤務する三十五歳の青年が、

「給料も上げる。仕事は将来性のある魅力的な仕事だ」

と、よそから熱心に誘われたことがありました。

その人はさんざん考えた結果、その誘いを断りました。

「自分としては大きな会社を飛び出して思いっきり自由に仕事をしてみたい気持ちもあるのだが、将来のことを考えるといま一つ踏み切れない」

という理由だったそうです。やはり大企業でずっと来た人は、その枠から飛び出すことがなかなかできないようです。

彼の場合、出なくて良かったのかどうか。それは誰にもわかりません。しかし、こういうことは言えると思います。

いくらチャンスがあっても、それをつかむだけの勇気がないと、チャンスはつかめません。チャンスがチャンスに見えるかどうかが、とても大事なのではないかと思います。

飛び出す勇気がないのは失敗が恐いからだと思います。何か新しい事柄に取り組むとき、誰でも期待がある一方で不安や心配をするものです。しかし、そこから先は人によって大いに違ってきます。

ある人は失敗を恐れて消極的になる。ある人は成功を思って積極的になる。どちらが成功に近づくかというと、それは成功を思う人のほうです。恐がっていては勇気は生まれてきません。

ではどうやって勇気を持つか。それは、思い切って飛び込んでしまうしかないのです。失敗には二通りあるといわれています。一つは成功に至る失敗と、もう一つは失敗への道筋としての失敗です。

どちらに至るかはその人の考え方によるといいます。つまり失敗を恐れている人は本当の失敗をします。失敗への恐怖感がやることを縮こませてしまうからです。同じ失敗でも、積極的に取り組んでした失敗は「成功の母」になるのです。ですから何よりも必要なのは、やってみる勇気なのです。

6 広い世間で通じる人間を目指せ

多くのサラリーマンにとって、世間とはとても狭いものです。

ほとんどがいま自分の働いている会社とその周辺だけを意味しています。だが世間はもっともっと広いのです。自分の働いている会社の中でしか通用しない人間にはならないでください。広く世に出てどこでも通用するだけの人間になるための能力なり資質、あるいは知識や技術を会社で学ぶのです。

よく「世間に顔向けできない」などと言いますが、この場合の世間とは、ごく限られた狭い世間でしかないのです。その狭い中で「ああでもない、こうでもない」と考えすぎて身動きが取れなくなっている人がいます。

ところがその枠を越えて考えてみると、意外と簡単に解決できることが多いのです。

「自分が今の会社で十分に実力を発揮できていない、違う境遇を与えられれば自分の実力がもっと活かせる」

と思ったなら、自分の能力を発揮できる職場を探したほうが良いでしょう。

これからのビジネスマンはそうやって生きていくのが本当です。

なぜなら、従来の日本の労働慣行である終身雇用、年功序列は、今はもう完全に崩れてしまったからです。一つの会社で一生働く必然性はもうありません。

景気が良くなれば「また終身雇用は復活する」と考える人もいるようですが、景気が戻っても終身雇用、年功序列は復活しないと思います。世の中がそれだけ様変わりしたからです。

二十世紀後半の目覚ましい科学技術の進歩、そしてコンピュータ社会、高度情報社会の出現は、地球を狭くすると同時に変化の速度をものすごく上げてしまいました。

かつて百年かかって起きた変化が、今は十年はおろか五年、三年で実現してしまう時代です。一人の個人が一つの仕事を保つことすら難しくなりました。現代は一生の間にいくつも仕事を変えることがごく普通の時代なのです。

そういう時代に「一生一つの会社にいる」などということは、結果的にそうなる人も若干はいるかも知れませんが、全員がそうなることはもう無理です。ですから、より良い人生をつかむために、今の会社にいるうちに、将来どこへ行っても通用するよう自分に磨きをかけておく必要があるのです。

7 プラスアルファの価値を身につける

営業ができる人は世間に山ほどいます。コンピュータの技術者も同様です。ところが、営業ができて英語の話せる人となると、ぐっと人数が減ってしまいます。プログラムが書けて英語の話せる人も非常に少なくなります。

プラスアルファの能力を身に付けることにより、希少価値が生まれます。さらにもう一つの特性、たとえば特定の業界の経験が加わることで、さらに希少価値が高まり、市場価値も高まり、幸運を引き寄せる大きな力となります。

二十五歳でＩＭＳという外資系の会社に入ったとき、私は英語がまったくしゃべれませんでした。社員はほとんど日本人ですから、仕事の遂行上は困ることはありませんが、イギリス人の社長と話をするときは困ります。面接のときも通訳付きでしたから、会社はそれを承知で雇ってくれたのです。

その会社に入ったのも将来は英語を使って仕事ができるようになりたいと思って入社したのですから、私は入社するとすぐに会社の近くの英語学校へ通いだしました。

しかしこの会社は発足したばかりで、事務系統の男子社員がまだ私一人しかいない状態だったため、毎日深夜まで残業をする状況でした。私は週三回、夕方六時半になると英語学校へ行き、九時に授業が終わると会社に戻ってきてまた仕事、という生活を一年間一回も休まずに続けたのです。

通勤電車の中では、英語の短文がたくさん書いてある本を読み、口の中で英語の発音練習をすることを続けました。また、当時の私の上司に、英語も日本語もペラペラな中国人がいました。私は英語学校へ通う傍ら、その人にお願いして、二人きりで仕事の話をするときは英語でしてもらいました。

英語の勉強を始めて三、四カ月経ったころ思ったことは、「自分はこんなに努力しているのに、少しも進歩しない」ということでした。

ところが六カ月経ったころ、突然、先生が話していることがわかるようになってきたのです。雨だれがポツリポツリと壷の中に落ちているのを見ていても、なかなか溜まっていくようには感じられません。

でもしばらく目を離して、ふと見ると「結構溜まった」と思えるような感じでした。遅々たる歩みでもめげずに努力し続けることが、いかに重要かということを、そのとき私は実感しました。

8
会社には貸しを作っておく

給料を考えるとき「自分は貰いすぎている」と考える人は少ない。ほとんどの人は「安い給料でよくがんばっている」と思っているそうです。

入社したときは、妥当と思われる給料で納得して入社したはずです。その後も平均以上の成績を上げた人は、人並みの昇給はしてきている。それでも満足を感じないのはなぜでしょうか。給料を貰うことに慣れて、当たり前感覚になっているからだと思います。当たり前感覚になると「こんなにがんばっているのだから、もっと貰って当然」と思うようになります。慣れは恐いもので、人を傲慢にします。

しかし、こういう言い方は、あるいは経営者側のものかも知れません。働く側にとってみれば、それなりの言い分もあるでしょう。私もかつては貰う側にいましたからその心理はわかります。

そこで提案ですが、貰っている給料が、自分のこなす仕事に対して「安いな」と感じている人は、「よし、会社への貸しだぞ」と考えてはどうかということです。なぜこんなことをいうかというと、給料の高い安いは立場の違いによって、永遠に平行線をたどる運命にあるからです。

プロ野球選手でも契約更改でよくもめています。パターンは決まっていて、選手は「安い」と言い、球団側は「そんなことはない」と否定するのです。この両者の結末は二つあって、一つは「上げてもらって満足した。来年はがんばります」、もう一つは「よし見てろ、来年はとやかく言われないで上げさせてやるぞ！」。

後者のほうは球団側に貸しを宣言しています。これと同じで、「給料安いよなあ」と思っているなら、それを不満として抱えるのではなく、会社への貸しだと思って仕事をすればいいのです。

自分の給与が適正かどうかはこうやって判断できます。たとえば、会社を辞めてよそへ移ったら、今の待遇の三〇％アップの給与が取れるか。三〇％アップを勝ち取れる自信があれば、あなたは完全に会社に貸しを作っています。

逆にマイナス三〇％であれば、会社から借りていることになります。つまり貰いすぎということ。借りの関係だといつリストラされても文句は言えません。貸しの関係なら何も恐いものがない。いつも堂々としていられるし、仕事もばりばりやれる。会社には貸しを作ったほうが絶対得です。

9 仕事から逃げても逃げ切れない

仕事と聞くとウンザリして「できるならやりたくない」「できるだけ楽をしよう」と思う怠け者社員も大勢のなかにはいるものです。

その気持ちはわからないでもない。人間は本質的には怠けたいという本能を持っているからです。窮地にあるときや、欠乏しているときは、懸命に努力しますが、それは生存本能があるからです。

ところが人間の基本的な欲求（生理的欲求、安全の欲求など）がひと通り満たされると途端にハングリー精神が失われて、怠け心が出てきます。ある意味ではこれは仕方のないことです。

高度成長期を過ぎた日本が、徐々にレベルダウンしたのは、ハングリー精神が失われたからでもあります。社会全体がそうなのですから、一個人にそういう変化があっても仕方のないことかも知れません。

しかし、そうやって仕事から逃げてそれで無事に済むならいいですが、世の中そうは問屋が卸してくれません。当面は仕事から逃げたとしても、その報いは遠からず訪れます。ですから仕事から逃げても逃げ切れないと覚悟することです。

しかも仕事に費やす時間は半端ではありません。一日八時間労働として、一日の三分の一は仕事タイムです。

通勤時間や考えたり準備したりする時間も含めればもっと多くなるでしょう。人生で一番多く費やさねばならない時間かも知れません。それだけ大きな部分を占めている仕事が嫌だとしたら、人生そのものを楽しめなくなってしまいます。

ですから何としてでも仕事を楽しむ工夫が必要になります。そのためには逃げる姿勢は絶対にとらないことです。なぜなら逃げるとますます嫌になるからです。

「恐怖から逃げると恐さは二倍になるけれども、正面から立ち向かうと恐さは半分になる」

という言葉がありますが、仕事についても同じことが言えると思います。

仕事から逃げると、「嫌だ」という感覚は倍加します。逃げないで真っ正面から取り組めば、「嫌だ」という気持ちは半分に減るのです。なおもがんばってやっていれば、今度は楽しくなってきます。仕事のできる人が楽しげなのは、そこまで乗り越えてきているからです。

プラス思考を習慣にする

10 前悔しても後悔だけはするな！

私がＮＨＫにいた頃のことです。同期入社で入った仲間十人くらいで海水浴に行ったことがあります。

そのとき一緒に行った女性の一人がこんなことを言いました。

「私は後悔しない主義なの。なぜかというと、何かをする前にはよく考えて、結果がまずくなってもいいと覚悟を決めて始める。前悔してしまうので、私は後悔は絶対しないのよ」

まだ若かった私は「いいことを言うな」と思いました。よけいなことを付け加えれば、その言葉のせいかどうかはわかりませんが、そのときから私は彼女に好意を抱いたのですが、残念ながら相手にされませんでした。

この年代では女性のほうが大人びていて、同じ年の男など子どもにしか思えなかったのでしょう。しかし彼女のこの言葉だけはずっと心に残り、私自身も、前悔しても後悔はしないようになりました。

実際に彼女のいうとおりで、後悔などいくらしても大した意味はないのです。失敗したとき必要なのは、反省であって後悔ではありません。反省は理性的な判断で、次なる成功に結びついていくものですが、後悔というのは多分に感情的で、そこからは何も生まれません。

後悔はいくらしても取り返しがつかないものです。作家森鴎外は、どうにもならないことを「食ってしまった飯」と表現していますが、後悔というのはまさにこれだと思います。

では前悔とは何か。事前に後悔はできませんから前悔というしかないのですが、その真意は「覚悟」ということだと思います。

「われ事において後悔せず」

と言った宮本武蔵は試合の前に色々な工夫をしています。

十分に考えて創意工夫を凝らし、これなら勝てるという結論を出した限り、結果は問わない。そういう覚悟、潔さをもって臨めば迷いはない。迷いがなければ、おのずと良い結果が生まれやすい。前悔とはそういうことだと思います。

あなたは後悔するタイプの人間ですか。もしそうでしたら、これからは前悔を大いにして、後悔しないことをお勧めします。後悔は自分をつらくするだけです。

11 すべてプラス思考でとらえる

以前、合気道の達人から「気」の話を聞いたことがあります。

そのとき私が知ったのはプラス思考というものがいかに大切かということでした。

気というものには次のような性質があるといいます。

・心身を統一すれば気が強くなる
・肩に力を入れると気が止まってしまう
・ダメと思うと途端に気は切れる
・気の出る行動＝プラスの言葉づかい、プラスの考え方

どれもプラス思考が関係しています。このなかでも私が最初に納得がいったのは、ダメと思うと途端に気は切れるという点でした。

ダメと思うのはマイナス思考の典型です。

大人はこのダメと思う気持ちで、どれだけ可能なことを不可能にしているかわかりません。もともと人間は自己防衛本能から、物事を悪いほうへとらえる予測能力を持

っています。不安や心配はそうした能力と言えます。

今年の作物が不作だったら食べるものに困るぞ、という心配がストックの知恵を生んだ。しかしこれはマイナス思考というよりは危険予知能力というもので、予見し得る危機に対処する方策を考えるということは大切なことです。

しかし、一方でマイナス思考による不安や心配が積極性にブレーキをかけて、人間が本来持っている能力を発揮させないようにもするのです。

プラス思考というのは「何でも良いほうへと考える」ことですが、それが「気」を出させるということは、人間の持つ潜在能力はプラス思考によって発揮されるということです。プラス思考のコツは言葉づかいと考え方にあります。

ナポレオン・ヒルという人が書いた『成功哲学』という本に「成功を手にするために必要なものはたった一つである」とあります。

それは「健全なものの考え方」なのです。

あまりに当たり前すぎて不満を感じるかも知れませんが、健全な考え方とは「プラス思考」ということだと思います。どんな人や物事に対しても、悪くとったり、ダメだと思ったりしない。言葉の上でも行動でもそうしていれば思いどおりの人生が手に入れられるというのです。気の性質とあわせて考えれば納得がいくと思います。

12 「できる」と念じ続ける

何か仕事を頼むと、「難しそうですね」「無理かも知れません」「私には荷が重過ぎる」「時間が足りない」と消極的、否定的な言葉を並べる人がいます。

こういう言葉は禁句にしてもらいたいと思います。なぜかというと「できない」とか「難しい」と言った瞬間から、それは本当にそうなるからです。逆に「やってみます」「できると思います」と言えば、そのとおりになるのです。

人生には一つ絶対的とも言える法則があります。それは「自分の思っているとおりの人間にしかなれない」ということです。思うことはどんなことでも自由です。ですから一番自分が好ましいと感じていることを思うべきです。

仕事もそうです。自分で「できる」と思って取り組めば、脳細胞が活性化して「どうしたらできるか」を真剣に考えるようになります。「できない」と思ったら、そこから先は考えません。努力もしません。だから本当にできなくなるのです。

たとえば、立ち上がろうとする時期を迎えた赤ちゃんを考えてみてください。赤ちゃんは必死になって立ち上がろうとします。しかし、立ち上がれない。でも何度も何度も立ち上がろうとします。

するとし少しずつ立てるようになっていく。数え切れないほどの失敗をしてもあきらめないで努力するから立てるようになるのです。いったい、赤ちゃんはなぜたくさんの失敗をしながらあきらめずに立とうとするのでしょうか。

赤ちゃんの頭の中には「立てない」「難しい」「ダメだ」といった言葉がまったくないからです。自分が立てない、歩けないのではないかとは、微塵も考えないのです。だから何度失敗しても楽しそうに努力しているのです。この赤ちゃんの姿勢は私たち大人も見習う必要があるかも知れません。

ところが大きくなると、まだ一度も試みたこともないのに、「無理でしょう」「できません」と言い出す。この言葉は「面倒くさい」「やりたくない」「恐い」と言っているのと同じです。

大人は経験を積んでいますから、赤ちゃんよりも判断力はあります。しかし、経験というものはときに、自らの足を引っ張り、可能性を封印してしまいます。前に試みてできなかったことでも、再度挑戦したら、できることはいくらでもあります。「できない」という言葉はこの際封印してしまいましょう。

13 マイナスの言葉は口にしない

「このところ景気が悪くて……」と言っている人の顔を見ると、本当に不景気そうな顔をしているものです。「景気が悪いから仕方がない」と言っている人は、「政治が悪いから自分が不幸なんだ」と言っている人と同じです。

何でも人のせいにするのは楽でしょうが、結局は自分のためにはなりません。現実が好ましくないとき、そのような言葉を口に出していると、本当に自分が言葉どおりになってくるものです。

「世の中は景気が良くないけれど、自分は何とかするぞ」と思って必死の努力をする人には、不景気もなかなか近寄ってこられません。

どんなに景気が悪くても「景気が悪い」と口にしないことです。人間はどんなに四面楚歌の状況でも、マイナスの言葉は口にしないほうがいい。なぜなら人生というものは、その人が常日頃思っているとおりになることが多いからです。

日頃思っていることは口をついて出ます。それがマイナスの言葉である人は、その言葉どおりマイナスの人生を手に入れがちなのです。

反対に元気のいい、明るい希望に満ちた言葉を口にしている人は、それに見合ったプラスの人生を手に入れるのです。これは不思議なくらいそうなります。その理由は人の人生を形作るものが、その人の思考の型や習慣にあるからでしょう。

普段から「人生はつらい」と思っている人は、つらそうな顔をして、そういう言葉を使い、それに見合った行動をする。その結果、口にした言葉どおりの人生を経験することになるのです。

すべては考え方から始まります。ですから現状を変えようと思ったら、まず考え方を変えることから始めるほかありません。

「仕事が嫌だ」と言う人は、ほかにも嫌なことがいっぱいあるはずです。なぜなら「嫌だ」というマイナスの言葉を使う習慣を持っているからです。

私たちの生活のほとんどは習慣によって形作られています。仕事がいつもうまく運ぶ人は、そうなる良い習慣を色々な形で身に付けているのです。

人生がうまくいかない人は、きっとそうなってしまうような悪い言葉の習慣を持っているはず。悪い習慣を良くするのも、良い習慣を悪くするのも、日頃使う言葉にかかっているということです。

14

ラッキー人間は楽観人間

私は自分のことを「ラッキーな男」といつも思っています。そして、なぜラッキーなのかと色々考えてみると、自分が非常に楽観的な人間であることと関係があるように思えてならないのです。

誰にも一つの人生態度というものがあります。それは人生に臨む際のクセといって良いかも知れません。たとえば自分で苦労して会社を興し、一定の成功を収めてきた中小企業の経営者がいたとします。

バブル時代は良かったけれど、バブル崩壊以後はさっぱりで、倒産寸前の状態がずっと続いています。さて、このような境遇の人が、毎日どんな気持ちで生きているか……それによってその人の人生態度というものがわかってきます。

経営者Aさんはこう考えます。

「銀行も融資してくれないし、今月の支払いは駄目かも知れない。家族を連れて夜逃げをするか。それともいっそのこと私が死んで生命保険で負債を払おうか」。

経営者Bさんはこう考えます。

「ゼロから始めてここまで来たんだ。よくやったし、いい目も見た。またゼロに戻ると思えば何でもない。なるようにしかならないから自然体でいこう」。

同じ苦しい状況でも、どんな考え方をするかで、その人の心の状態はまったく違ってきます。私はBさんタイプの人に会ったことがありますが、「この人が倒産寸前の会社の経営者?」と疑いたくなるほど元気で明るい人でした。

そうしたらその会社は、思いがけない幸運に恵まれ、見事に立ち直りました。Aさんタイプの経営者は今日大勢いると思いますが、ものの考え方が悲観的な人には、なかなか思いがけない幸運というものは巡ってこないようです。

楽観的だから幸運が巡ってくるのか、幸運に巡り合ったから楽観的でいられるのかは、ニワトリとタマゴの関係のようなもので、どっちが先かよくわかりませんが、楽観的＝ラッキー、悲観的＝アンラッキーは間違いないように思います。

ということは、幸運の連鎖に入るためには、自分が楽観的になるのが一番いいということになります。楽観的になる方法は簡単です。たとえば財布に千円札一枚しかないとき、「千円しかない」と思うのではなく「千円もある」と考えることです。こんな些細なことから、人生は百八十度違う結果が出てくるのです。

15

やればできることは山ほどある

もう一つ海水浴へ行ったときの話を紹介します。

「前悔はしても後悔はしない」と言った女性が、「入り江の向こう岸まで泳いでいこう」と私を誘ったのです。泳ぎにあまり自信がなく躊躇していると、彼女は私にこう言いました。

「やればできるものなのよ」

彼女に促されて私は泳ぎ出しました。そうしたらちゃんと向こう岸まで泳ぎつけたのです。自分ではそんなことができるとは思ってもいなかったので、すごい充実感があったことを今でもよく覚えています。

普段気づいていませんが、私たちはやればできること、やったほうが良いことをやろうとしません。たとえば会社の玄関の前に置き看板があります。その看板がときどき変な向きになったり、汚れたりしています。

それを直したり汚れを取るのは、どの社員の役目でもありませんが、自分の会社の看板です。やる気になれば誰だってできることです。でも役目でないからと誰もやろうとしません。

通勤時に、駅ホームから貧血の女性が転落した。そうしたら落ちた女性をみんな見るけれども、誰も彼女を助けようとはしなかったという新聞記事を読みました。この情景は象徴的です。私たちは「自分がやる必要はない」「できない」とか「無理だ」と思ってやらなかったことのなかに、どれだけ「できること」「やるべきこと」があったかわからないのです。

「人のやったことは、まだやれることの百分の一にすぎない」

この言葉は日本のエジソンといわれた豊田佐吉のものです。私たちはやればできることをやっていない。仕事の面でもそうです。

人間の潜在能力は、無限の可能性を秘めていると言います。たとえばよくいわれる「火事場の馬鹿力」。人間の潜在能力は、いざとなると、普段では想像できないくらいにすごいものなのです。残念なのはそれが火事場でしか出せないことです。

でも、自分がその気になれば火事場の馬鹿力を普段の仕事にも発揮することは可能です。そのために何はさておき「やってみること」。やればあなたにできることは、まだまだいくらでもあるのです。

16 「禍を転じて福となす」を信じる

仕事をしていると、色々なトラブルに遭遇します。あなたはトラブルに強いタイプですか。それとも弱いタイプですか。

トラブルに遭遇したとき、まず「嫌だなあ」と思わないことです。「何事も経験だ」と思って冷静に受け止めるか、「よし、これはチャンスだ」と思うようにしたいものです。

実際、トラブルというのは、それがどのようなものであったとしても、上手に解決することができれば、以前よりも良好な状態になることが多いのです。もし、そうでなくても経験を通じて少しは進歩した自分になれます。

上手に解決するというのは、表面だけを取り繕って、その場逃れをすることではありません。それとはまったく逆に、真正面から誠実に取り組み、関係者全員が納得できるような形で根本的に解決することです。

そういう解決ができれば、そのプロセスを通じて相手方や関係者から信頼を勝ち取ることができます。それは何ものにもまさる価値あることで、そういう経験はトラブルが発生しないとなかなか得られません。「禍を転じて福となす」というのは、本当に禍が福を呼ぶからなのです。

「ピンチはチャンス」というのも同じことです。

ピンチとチャンスは親戚のようなものです。試しに大成功した人に「どうして成功できたのですか」と聞いてみてください。必ずピンチの話が出てくるはずです。とんでもないピンチに遭遇し、それと悪戦苦闘して乗り切ったところに、大きな成功が待ち構えていた。ほとんどの成功物語はそういうものです。

世界のホンダを築いた本田宗一郎さんは、

「自分のやった仕事の九九％は失敗であった」

と言っておられます。ほとんどピンチの連続だったということでしょう。

たくさんのピンチを乗り越えたから今がある。もし、失敗を恐れ消極的になっていれば、ピンチに遭遇する回数は減るでしょうが、その代わりそのピンチを乗り越えた向こうにある成功という輝かしい未来に出合うこともなくなるのだと思います。

17 仕事は楽しんだほうが勝ち

あなたは毎日の仕事がつらいですか。

私は若いときから仕事をつらいとかキツイとか、なるべく思わないようにしてきました。もちろんつらいと感じるときもありましたが、そんなときこそ、

「だから他人よりも少しでも早く仕事を覚えられる、少しでも多くのことを学べる、少しでも人間的に成長できる」

と信じるようにしました。

「上司から言われたことだから、嫌だけどやらなければならない」

と思うから嫌になる。他人から押しつけられる仕事は誰も気が進みません。

たとえば「一日百社飛び込み訪問する」という目標があったとしましょう。上司から強制されてやるのと、自分で考えてやるのとを比べたら、上司のノルマだと百社がやっとの人でも、自分で進んでやれば百二十社、百三十社やってしまうものです。

「上司から強制されている」としか思えない人は、気が進まないので、何とか口実を

見つけて、やれない言い訳をするでしょう。

ところが前向きでやっていると、早くこつを覚え、上達し、成績を上げていくので、ますます仕事が面白くなっていく、つまりプラスのスパイラルに入るのです。仕事は楽しんだほうが勝ちなのです。

ですから皆さんも何か工夫をして、仕事を楽しんでください。

人間には思い込みがあります。「遊び＝楽しい」「仕事＝つらい」というのもその一つです。人が遊びに行くと言うと「いいなあ」とうらやましがり、これから仕事だというと「大変だなあ」と言う。これは思い違いもいいところです。

実際に仕事ができる人は、そんなにつらいと思って仕事をしていません。むしろワクワクしながらしています。ですからいくらやっても飽きないし、また良い結果も出せるのです。ではそういう人になるにはどうしたらいいでしょうか。

それにはある時期、その仕事にとことんつきあってみることです。どんな仕事でもとことんつきあってみれば、そこに何か必ず楽しみというものが見いだせる。それは「隠された恩恵」のようなものです。それを知ってしまえばシメタもの。どんな仕事をやらされても、そこから楽しみを見つけるようになるからです。仕事がつらいという人はまだ仕事へのつきあい方が足りないのだと思います。

18 何事もくよくよ考えない

あのとき、ああしておけば良かった、こうしておけば良かった、という考えは誰にでも浮かぶものですが、その考えをいつまでも持ち続けるのは良くありません。くよくよ考えるのは後悔しているということです。私は先に「前悔しても後悔はするな」と言いましたが、後悔がなぜ良くないかを改めて説明してみたいと思います。

まず第一に言えることは無駄、無意味ということです。後悔するのは過ぎ去ってしまったことですから、何をどうしようと元に戻るわけではない。そういうことに時間を費やすことは非常に無駄なことであるし、また無意味だと思います。

しかし「無駄」とわかっていても、人間は単純にその考えをやめるわけにはいかないこともあります。たとえば、人にだまされて大金を取られたとか、怠けて仕事で失敗した、受験で失敗した、あるいは情報の読み違いで株を売り急いで儲け損なったとか……そういうとき、くよくよ考えるなと言っても考えてしまうものです。

ですが、はっきり言えることは、くよくよ考えていると、また同じような良くないことを、自分に引き寄せてしまうということです。

「ああすれば良かった、こうすれば良かったと考えるのは、人間のすることのうちで最悪のことである」という有名な言葉があります。本当にそうだと思います。

仮に過去が失敗の連続であったとしても、それにいつまでもこだわっていると、未来へ向かって進んでいくことができなくなります。過去がどうあれ、私たちが生きているのは現在であり、現在の考えや行動が未来を形作るのです。

ですから、くよくよ考えていると、未来はその考えから形作られる。これでは幸運な未来など期待しようがありません。過ぎた日のことを悔やんでもどうにもなりません。楽観主義者だった豊臣秀吉は「何事もつくづく思いいたすな」という言葉を残しています。私たちもこれを見習いたいと思います。

良い過去は思い出してもいいですが、つらい過去はすっぱり忘れ、常に明日に期待を抱く生き方をしましょう。自分の明日は自分だけが作れるものです。ほかの誰も作ってはくれません。

楽しく張り合いのある豊かな明日は、自分の努力と熱意、そして忍耐と持続力から生まれます。限られた人生には、過去のことをくよくよ考えているヒマなどまったくないのです。

19

一周遅れの勝利ということもある

陸上のトラック競技では、トップを走っているように見えても、一周遅れの選手ということもあります。

こういう場合、一周遅れの人が勝つことはありませんが、人生では一周遅れが一等賞に輝くということも起きてきます。

たとえばいま流行りのＩＴ産業。ＩＴ投資で遅れをとってしまったとします。他社はいいシステムを作って、どんどん先へ行ってしまった。自社はこれに追いつくことは非常に難しい情勢であったとします。

ところが突然、インターネットの時代が到来、遅れていたおかげで、そっちにポンと乗れたというようなケース。これなど遅れたことが幸いしたと言えます。

細かいことで言えば、デジタルカメラの出始めにすぐ買って、どんどん買い替えていた人が、あまりに機種の交代が激しくて、とうとうついていけなくなった。ところがそれまでまったく関心を示していなかった人が、最新製品をポンと買えば、そっちのほうが最新鋭機器を持っていることになります。

このようにある段階で大きく負けている、遅れているとしても、現代のような変化の激しい時代は、その遅れが幸いするということもよくあるのです。だから、目先の遅れであたふたしないで、先を見通しながら戦略を立てることが大切です。

同じことは人生についても言えます。学校時代に勉強でとても敵わない友人がいたとします。友人は一流大学を出て一流企業に就職した。自分は三流大学を卒業して中小企業に就職した。人生レースの勝利者はどう見ても友人のほうです。

ところがそれから二十年経ったら、友人の会社は拡大路線がたたって倒産、自分が就職した中小企業は大会社になって、生え抜きの自分は社長に……これに類したことは世間にいくらでもあります。

人生レースは長いのです。いま負けているからと焦ったり、敗北感を感じる必要は少しもありません。人生はその人の考えたとおりになりますから、焦ったり敗北感を感じていれば、そのような結果になる可能性は大きいと言えます。

「今は負けているな」と思っても、プラス思考で夢を持ち、願望の実現を信じて明るく元気に努力を惜しまなければ、必ず幸運の女神は微笑んでくれます。それを信じて生きることがより良い人生そのものなのです。

20 不運が続いたときはこう考える

私の父は三十九歳、母は四十三歳で他界しました。そのせいで私は子どもの頃から、ずっと自分は三十九歳で死ぬと思っていました。

三十九歳は早すぎます。しかし、そういう運命なのだから、短距離人生を全速力で思い切り駆け抜けよう……そんな気持ちでいたことが、常に全力で必死に仕事をすることに結びついて、それが習慣となり結果的には自分にとってプラスに働いたような気がします。

運、不運ということがよくいわれます。人には運の良いときと悪いときがあります。確かに積極的に生きたほうが良い時期と、慎重に構えたほうが良い時期とがあるのは事実でしょう。

しかし、運は決して他動的にもたらされるものではありません。自分の考え方や行いと運は絡み合っていると思います。ですから、いま不運な状況であっても、それで自分の人生は定まったなどと思う必要はまったくありません。

世のなかには「自分は運がない」と決めてしまっている人がいます。そういう人に知ってほしいことが二つあります。一つはそのような考え方が本当に「運の悪さ」を招いてしまうということです。

私は厄年の数年間、不運が続きましたが、いま振り返ると、ややそれに捕われすぎていたように思います。人生というのは、自分の考えたとおりになっていくところがあるので、悪い考えには捕われないほうが良いのです。

どうせ思うのなら「自分は運が良い」「ツキがある」と思ったほうが得です。「私は本当に幸運に恵まれる体質なんです」と言い続けているほうが、そのような人生が訪れる確率は高くなると私は思っています。

「自分はずっと幸せを求めて生きてきたのに少しも幸せにめぐりあえない」という人は、そう思うことに辛抱が足りないのです。不運を望んでいないはずなのに「幸運である」という思いを打ち消してしまっているのです。

どんな状態も変化しないことはありません。今が不運な状態なら、次は幸運がくると思いましょう。では、今が幸運なら次は不運が？　そうかも知れません。しかし、幸運は心の状態も関わってきますから、幸運に恵まれているときは、それに感謝しつつ、さらなる努力を続けて生きてゆけば良いのだと思います。

21
勝者と敗者の決定的な差はここ！

人間の能力は基本的にはそう大きな違いはないと思います。

それにも拘わらず、仕事をすると、ものすごい差が出てきます。能力差だけでなく、仕事に取り組む姿勢や努力にもそんなに差が見られない場合でもです。

その差はどこから出てくると思いますか。たぶん、色々な見方ができるのでしょうが、私の今までの経験から考えると、両者の際立った違いは、

「勝者は勝つ方法を探し、敗者は言い訳を探す」

と言えるような気がします。

セールスの世界でよく言われる小話があります。

靴を必要としない暮らしをしている人たちに靴を売り込む、あるいは極寒の地に住む人々に冷蔵庫を売り込むという話。つまり、ニーズがまったくなさそうなところへ商品を持っていって売ることがテーマになっています。

仮に裸足で暮らしている人たちに靴を売ろうとします。その場合に「裸足で暮らし

ているんだから靴なんか売れない」という考え方がまず出てきます。

こういう考えに立つ人は、おそらく売ることはできないでしょう。初めから「無理だよ」と思っているのですから、セールスにも熱が入りません。

一方、こういう考え方をする人もいます。

「誰も靴を履いていないのだから、ものすごく売れるだろう」

こう考えた人はどうするか。なんとか売る方法を考えるでしょう。たとえば「ケガをしないために履きなさい」とか「靴を履いているほうがおしゃれなんですよ」などと言って、なんとか買ってもらう工夫をします。

こういう人は勝者になれる可能性を秘めた人です。しかし、最初から無理だと思った人は、きっと売れない理由を山ほど考えるでしょう。同じ能力を持ち、同じ機会を与えられても、これだけの違いが出てくるのです。

ある新聞で、女性映画監督の新藤風さんという人が、

「小さい頃から、親を含めて私の周囲の大人たちは、自分の人生に言い訳しない人が多かったような気がする」と書いているのを読んでハッとさせられました。

あなたもより良い人生を送りたいと思ったら、言い訳だけはただちにやめることです。それを守るだけでも、人生はきっと良いほうに向かっていくと思います。

最大限の努力とは

22 チャンスを最大限に活かす

チャンスというものをどう考えるかで人生はずいぶん違ってきます。

人は誰でもチャンスが欲しいと願っています。しかし、皆が異口同音に言うことは「なかなかチャンスに恵まれないね」ということではないでしょうか。

そういう人たちにこう尋ねてみたい気がします。

「では、あなたの考えるチャンスとはどんなものなのか」と。

たとえば会社がクライアントを呼んでセミナーを開くことを決めました。

「参加は自由です。誰でも自分の担当している部門のクライアントを呼んでかまわない。どんどん招待してください」と会社が言ったとします。

そういうとき、すぐに行動に移し、自分のクライアント全員に誘いをかけて十人呼ぶ人もいれば、全然動かないで一人も呼ばない人もいます。

その人の物事に対する取り組み方、仕事に対する姿勢というものが、そういうときによく表れます。

動かない人の言い分は、「普段仕事を忙し過ぎるほどやっているのに、また余計なことをやって時間を取られるのは嫌だな」ということでしょうが、こういう人はチャンスを活かせない人だと思います。

面倒がらずに多くのお客さんに声をかけ、できるだけ多くのお客さんに来て貰えれば、自分とお客さんの絆がより強くなる。以後の仕事がやりやすくなります。つまり一つのチャンスを自分のために活かすことなのです。

良い結果を出せない多くの人は、チャンスというものを誤解しているようです。ほとんどのチャンスはチャンスの顔をして現れるわけではない。それはごく平凡でありきたりの出来事であったり、逃げ出したくなるような厄介事の顔をして現れます。

それを常に誠実に謙虚に、あるいは厄介事から逃げることなく取り組むことで、チャンスはそういう人にだけ本当の顔を見せてくれる。

つまり、チャンスはチャンスの顔をしていないのです。

また、考え方によっては、チャンスはいくらでも転がっているのです。要は物事を前向きに捉え、どんなつまらなそうに見えることでも、結果にこだわらず全力投球してみる。思いがけない幸運に恵まれるのはそういうときです。

チャンスは準備して待ち受けている人のところへやってくるのです。

23 ケタ外れの努力が本当の努力

私はこれまで色々な幸運に恵まれてきましたが、人から「幸運になる秘訣を一つ教えてください」と聞かれたら、たった一つ「それは前向きな気持ちで努力することですよ」と言うほかはありません。

人生を生き抜いていく上で最も頼もしい味方は、「努力」という以外には特に思い浮かべるものがないと言っても過言ではない。しかし、これでは「宝くじに当たる秘訣を……」と問われて「買うことです」と答えるようなもので、聞いたほうは何かはぐらかされたような気分になるかも知れません。

しかし、実はそうでもないのです。私が言う努力は、世間一般で考えられているような並の努力ではないからです。

良い結果が出せなかったとき「努力だけは認めてください」という人がいます。

その意味はよくわかりますが、そういう人が考える努力というのは、私から言えば努力のうちに入らない努力なのです。誰もがする、誰もができるような努力ではだめで、並外れた努力、あるいはケタ外れの努力を本当の努力と言うのです。

私の経験から言うと、そういう努力をしていると、幸運が目の前に来たときに、それをガチッとつかめます。あるいは努力している自分の目の前に、まるでご褒美をくれるように幸運がすーっと現れてきてくれます。

なぜそんなことが起きるのか？　私自身にもまだよくわからないところがありますが、どんなことでもケタ外れにやると、量的な変化だけでなく質的な変化が起きるといわれている。この原理が働くのではないかと思っています。

たとえば「読書百遍、意自ら通ず」と言います。意味がわからない本でも百回読めば、自然に理解できるということですが、ほとんどの人はそれを実行しません。実行しないで「そんなことないだろう」と言っているのです。

お釈迦様の弟子に、いくら教えても聞いたそばから忘れてしまう男がいました。彼は絶望して「もう弟子をやめさせてください」と言ったところ、お釈迦様は「掃除だけやっていなさい」と言って一本の箒を渡しました。

彼は明けても暮れてもひたすら掃除を続けたら、後に名僧といわれる人物になったという話があります。ケタ外れの努力は質的な変化をもたらし、何か不思議な力を与えてくれたり、幸運を引き寄せる摩訶不思議な力があるのかも知れません。

24 やると決めたら徹底してやり遂げよ

何かを「やる」と決めても、途中でやめてしまうことのほうが多いものです。一番身近な例は日記ではないでしょうか。

三日坊主という言葉もあるように、「今年こそつけ続けるぞ」と誓っても、ほとんどの人は一カ月と続けられません。

ところが何かで成功したり、立派な業績を上げた人を見ていると、物事に取り組んだときは、恐ろしいくらい徹底的に取り組んでいるものです。

能力や資質よりも、徹底してやることくらい物事を成就させることはない。なぜならその姿勢が幸運を呼ぶきっかけになるからです。

私は何でもあまり苦にしない性格だったことが幸いして、先にも申し上げたように英会話の勉強をしていたときは、会社の仕事が超多忙だったにもかかわらず、週三回の授業を一日も欠席することなく一年間通しました。

しかし、そんな私も英会話学校だけでは、とても自信が持てなかったでしょう。ただ、徹底して英語に取り組んでいる姿勢は、私の上司の側面的な協力を引き出し、また私が海外へ派遣されるという幸運の呼び水になったのです。

もしも私がいい加減な取り組みをしていたら、誰も私に協力してくれなかったと思いますし、海外派遣の話もほかの人になっていたでしょう。何事においても徹底的にやることは、周囲の協力や応援あるいは庇護を呼ぶという恩恵が得られるのです。

何かに「徹底して取り組む」ことの意義を、非常にわかりやすい言葉で残した人がいます。その人の言葉はこういうものです。

「私のやり方は、たとえばドイツ語を学ぶとしたら、三カ月でマスターするか、一生やらないかどっちかなのだ。やるとなったら徹底してやる！」

これはモルガン財閥の創始者J・P・モルガンの言葉です。偉大な業績を残したり大成功する人は、こういう思い切りの良さと徹する力を併せ持っているのでしょう。

試験の直前になって猛勉強した経験を誰でも一度や二度は持っているはずです。そのとき「いつもこれくらいやっていれば良い成績が取れるのになァ」と思ったことはありませんか。

人間の潜在能力はすごいものです。それを引き出すには「徹底して取り組む」という態度が一番効果的だと思います。

25 成果が出るまで続ける

並外れた努力が大切だと私は思っていますが、その努力も続けなければ意味がありません。よく「際働き」といって、瞬間的にものすごい力を発揮する人がいます。瞬発力を必要とする性質の仕事には、それも大いに役立ちますが、こつこつ積み重ねていく仕事にはあまり役立ちません。

われわれの努力は、いつも会社が舞台ですから、継続性が求められます。そういう性質の努力は、続けなければ意味がなくなってしまうのです。続けることが大切なのは繰り返しの効果が期待できるからです。

一カ月だけすごく努力をして、後はパッとやめてしまうようでは、せっかくの努力も生きてきません。努力というのは成果が出てはじめて報いられるのですから、せめて成果が出てくるまでは続けなければなりません。

うまくいかない人の努力は、中途半端かあるいは「努力のための努力」になってしまっているのではないでしょうか。

上司が見ているからする、あるいは後で言い訳をするために努力だけはしておこう——こんな気持ちでする努力が良い結果を生むはずがありません。

前にも書きましたが、「私は一所懸命に努力しました。結果は思うほどではないですが、努力だけは認めてください」と言う人がいます。

私はこういう言い方があまり好きではありません。「そんな努力は認めないよ」と言ってやりたくなります。良い結果の出ない努力は徒労だからです。なぜ努力が徒労に終わるかと言えば、良い結果の出るまで継続しなかったからです。

また努力には「もうこれで終わり」が明らかでない場合があります。そういう種類の仕事に人はあまり努力を傾けません。私が言う努力というのは、そういうことをいっさい考えないでひたすらする努力なのです。

「これだけ努力したら、これだけのものが返ってくるだろう」などと考えない。箒でひたすら掃除を続けたお釈迦様の弟子の努力と似たところがあるかも知れません。

努力には継続ということが不可欠です。何でもいいから、ずっと続けていく。人によっては「それはきっとつらいだろう」と言いますが、人は習慣の動物で、慣れれば傍で思うほどつらいものではありません。そうやって努力を継続していると、思いがけない幸運がやってきます。

26

強さとやさしさを併せ持つ

会社というのは、常に存続をかけて、同業他社と競争をしています。その商戦という戦いに勝つためには、他社と差別化できる強さが求められます。

戦いの一番厳しい現場に立たされているのは軍隊です。負ければ死を意味します。そのために、軍隊というところは、敵に勝つという目的のために、任務を全員が完遂するように組織が作られています。

会社の場合も、会社の方針や戦略に基づいて全員が歩調を合わせて進む必要があり、それでこそ競争に勝ち抜ける強い体質の会社になることができるのです。

しかし、軍隊と違って会社は、強いだけでは社会に容認されません。会社は社会に貢献するほかに、働く従業員にも貢献しなければならない。そういう意味では強さのほかに「やさしさ」が求められます。やさしさとはサービスの質の高さとも言えます。

強さとやさしさがそろってはじめて、会社の存在の意味が出てきます。私はこれまでに三度、いずれも外資系の会社の社長を務めてきましたが、いつも念頭にあったのは強さとやさしさを兼ね備えた会社にすることでした。

それがどこまで実現したかは、他の人に採点してもらわなければなりませんが、強さとやさしさを考えるときによく思い出したのは、

「強くなければ生きていけない。やさしくなければ生きる資格がない」

という言葉でした。レイモンド・チャンドラーの言葉だそうですが、どんな組織も人間自身もこれだと思うのです。

競争社会で勝ちを収め生き残っていくには、強くなければならないでしょう。しかし勝ち残っても、社会の役に立たず、かえって迷惑をかけるとしたら、そんな会社のままでは消えてもらいたいと思われてしまいます。

個人も同じではないでしょうか。勉強していい学校を出てエリートになって高い地位に上りつめながら、平気で他人を痛めつけて自分の利益を優先するようでは、人間として失格と言わねばなりません。

これからの社会は実力がないとやっていけません。ですから、一人で生きていけるだけの力をつけたいものです。しかし同時に周囲の人へやさしくする気持ちも忘れたくないものです。

27
本当のサービス精神とは

サービスとは何でしょうか?

サービスとは、自分が相手の立場だったら「こうして欲しいな」と思うことを、相手が望む以上のところまでやってあげ、相手から「ここまでやってくれたの!」と感動を引き出すことだと思っています。

マニュアルに書いてあるとおりのことをするのは、単に義務を遂行しているだけであって、サービス精神とは程遠いものでしょう。ましてそのマニュアルさえも守れないようでは論外ということになります。

「私はあなたのことを忘れていません。いつもあなたのことを考えていますよ」

この気持ちを相手に伝えることがサービスの原点なのです。これを忘れてはサービスの心は伝わりません。

お客様に伝わらないサービスは、価値ゼロと言っていい。それではお客様からお金は貰えません。当然、給料も貰えないと思うべきです。

以上のようなことを、私は会社でよく言っていたのですが、サービス精神というものはサービス業の会社が考えればいい、と思っている人がいるかも知れません。それは大きな間違いではないでしょうか。

一人ひとりが誰に対してもサービス精神を持つ必要があります。それがあなた自身の周囲を明るくし、物事を良いほうへと導く原動力になってくれるからです。

たとえば好きな人に対しては、誰でも何かをしてあげたいと思うものです。言われなくても、相手が何を望んでいるかを必死に突き止め、それをしてあげる。そして相手が喜んでくれると自分もすごくうれしい……こういうことが、誰にでもできる人が人から愛されないはずがない、高く評価されないはずがありません。

サービス精神というものは、人生をより良く生きるため不可欠といっても良いでしょう。サービス精神の旺盛な人はよい人生を送れるし、優れた人はサービス精神に富んでいます。

この点を自覚して、仕事に関してもサービス精神を発揮することがとても大事だと思います。それは決して会社のためではなく、あなた自身のためであり、あなたがこれから人生を生きていく上で自分自身の価値を高めることに他ならないからです。

28 「適当」にやると「不適当」な結果になる

勉強でも仕事でも「適当」に済ませようとする人がいます。

合格点ぎりぎりで適当に単位を取って卒業できればいいと考えている人。

クビにならない程度に仕事をして、年功で少しずつ給料も上がり、定年までに管理職までいければいいやと思っている人。

もしくは何も考えずに、単純に努力するのが嫌なだけの人。

こういう人たちは、きっと自分のことが好きではないのだと思います。あるいは、自分の人生などどうでもよいと思っているのでしょう。

自分のことが好きだったら、その好きな自分の一生を大事に思うはずです。大事な一生だったら、少しでも良い一生になるよう最善の努力をするはずです。

せっかくこの世に生を受け、たった一回の人生を送るのですから、最大限の努力をしてベストの結果が得られるよう努めるべきではないかと思うのです。

もちろん、努力しても良い結果が得られないこともあります。しかしその努力がまた楽しい。期待して努力することは、人生の楽しみの一つでもあります。しかし、自分が初めから適当にやっていたら、楽しみは味わえないし、結果は適当どころかうんと悪いものになってしまうでしょう。「適当でいいや」と考えてやることは、つまるところ「不適当な結果」にしか結びつかないのです。

適当に……と考え物事に取り組む人には、二つのタイプがあるようです。

一つは力を抜く意味で「適当にやろう」とするタイプ。このタイプの人は、けっこう実力はあるけれど、そのぶん何でも甘く見たり軽く見たりすることの多い人です。もう一つは完璧主義者です。完璧主義者というのは、見た目には怠け者が多くなります。というのは、そもそも完璧主義など滅多なことでは実現しません。ですから完璧主義者は、いつも途中で挫折してしまいます。

何度かそういう経験を積んだ結果、予防線をはって「適当にやろう」という気持ちになってしまうのです。つまり、両者ともそこそこ以上の力を持った人たちなのですが、いざ仕事をやらせると「適当でいいや」になってしまう。

実力的に劣る人はそんな余裕がないから、どんなことも必死になってやります。必死にやると実力がつく。適当にやると実力がつかない。

「適当でいいや」という考えは悪魔のささやきと心得ましょう。

29 量、質、スピードを意識する

若いときというのは、人生の助走期間だと私は思います。例えば、三段跳びやハイジャンプ、棒高跳びを考えてみてください。助走のところでだんだんスピードをつけていき、最後の踏み切るときに溜めた力を一気に出します。

人生はスポーツと違い、エネルギーを長期間持続する必要がありますが、基礎体力はこの助走期間に蓄えておかなくてはなりません。三十五歳くらいまでは、そういう期間と思ってよいのではないでしょうか。

どうやって基礎体力をつけるかですが、私は進んで苦難を引き受ける気概を持つことが一番良いと思います。といって、何も特別なことをする必要はありません。毎日の仕事を通じてやれることをやればいいのです。

ただ、人並みにやっていたのではだめです。それでは人並み以下にしかなれない。量的には人の倍、三倍は最低で、できるなら五倍でも十倍でもいい。質的には人の嫌がることを進んで受け入れ、またスピードを上げることです。

助走期間の今日という日は、今日や明日のためにあるのではなく、何年も先の将来のためにあるのです。ですから今日を無為に過ごす者は、目先はどうということがなくても、将来必ず後悔することになります。

「若いときにもっと自分を鍛えておけば良かったな」

四十代、五十代になってから、こういう思いにかられる人は大勢いるでしょう。

苦難を進んで引き受けることなど嫌だと思う人は、私に言わせればまったく先を見通せない人です。人生に苦難や悩みはつきもので、それが一つもない人などこの世に一人もいません。

一見、悩みや苦労のないような顔をした人にも、相応の悩み、苦労は必ずあるもので、ないように見えるのは、それに耐えるだけの能力、経験をちゃんと身に付けているからです。そして、その能力をどうやって身に付けるかは、助走期間をどうやって過ごすかにかかっているのです。

つらいことから逃げ出したり、やるべきことを怠けたりしていると、そういう能力が身に付かない。そのために、いい年をしてから苦労をすることになります。「若いときの苦労は買ってでもしろ」という先人の教えはやはり貴重です。

30 常にメモを取る用意をしておく

スポーツ上手になろうと思ったら、こつこつと練習するしかありません。私はテニスとゴルフをやりますが、練習すればするほど上達することは実感として知っています。たとえ素質で劣っていても、余計に練習すればそれなりに上達することはできます。

ところが現実を見ていると、素質のある人ほど練習量が多く、どんどん上手になっていき、素質に劣る人が、時間がないとか、体力がついていかないとか言って、練習量が少ない。だから両者の差は、ますます広がってしまうことになるのです。

頭も同じことで、使えば使うほど良くなっていく。使わないと良くなるどころかかえって悪くなっていきます。ですから社会に出てからも、勉強することは絶対に必要だと思います。そういう姿勢を持っている人は、どんどん伸びていく。

なまじ良い大学を出ていて、プライドの高い人は学ぶ姿勢が弱い。自分は「もう勉強しなくてもいい」と思っているようです。しかし、世の中がこれだけ急速に変化している時代です。過去に身に付けた知識、能力だけで、いつまでも通用するはずがない。「毎日が勉強だ」「会う人はすべて師だ」くらいの気持ちを持っていて、ちょうど良いのです。

勉強といっても、どこかの専門学校へ行けというのではありません。日々の仕事の中でいくらでもできます。たとえば人の話を聞くときは、常にメモを取る用意をしておく。記憶しておきたいことが出てきたら、すぐにメモするのです。

そのとき「メモを取らせてください」と一言断れば、「だめだ」と言う人はまずいません。自分の話をそんなに真剣に聞いてくれているのかと、むしろ好感を持たれることでしょう。

文章を書くのも非常に勉強になります。しゃべるのと違って文章を綴るときは、細部の正確さと論理性が求められます。会議録でも報告書でも、いざ書いてみると、頭で記憶していたのとは違った知識や情報が入ってきます。

使えば使うほど頭が良くなるということは、生理学的にも認められています。以前は脳細胞は加齢とともに衰えるといわれていましたが、最近では、使っていれば脳細胞はかなり高齢になっても発達するといいます。仕事のためにも老化防止のためにも頭は使ったほうがいい。一生勉強するつもりになってください。

自分との接し方

31 自分を好きになろう

「あなたは本当に自分が好きですか」

そう聞かれて「好きでない」と答える人は少ないでしょう。しかし、その大好きな自分に、良い人生を送らせる最善のことをしていますか。

人間は一人で生きているわけではなく、いつも他人との関わりのなかにいます。ですから人生を楽しく生きるには、他人と良好な関係を保つ必要があります。

特に職場は一日のうち三分の一を費やす場所です。そこでの人間関係の善し悪しは、その人の人生に大きな影響を与えます。会社が嫌になって辞める人の最大の理由は、給料でも仕事でもなく、職場の人間関係だといいます。

では、他人と良好な人間関係を保つには何が大切でしょうか。人とのつきあい方ももちろんですが、何よりもまず自分を好きになることが大前提になってきます。

J・マーフィーという人が、次のように言っています。

「人間関係で悩んでいる人は、他人との折り合いが悪いのではなく、実は自分自身との折り合いが悪いのです」

「他人と仲良くしようと思ったら、まず自分とうまくやれる自分になることです」

そのためには、次のような考え方をしてみることです。

どんな人にでも、どこか良い所はあるはず。その相手の良さを素直に認める〈自分の心〉を好きになり、いとおしむことです。

人を変えることは、自分を変えることよりもはるかに難しいものです。いたずらに軋みをつくるよりも、その分のエネルギーで自分の幅を広げ、自分を潤すことができれば、案外相手を許し、受け入れることは、訳もないことに思えるものです。

今の自分が不本意な場合、「こうありたいな」という自分の自己像をつくることはとても有益です。

快活な自分、人から愛される自分、人にやさしい自分、頼りにされる自分、常に仕事に前向きな自分……今の自分がどうであれ、〈なりたい自分〉を好きになると、不思議にそういう自分に気持ちも行動も近づいていきます。

そうなると、あなたは自分のことをもっともっと好きになれる。周囲の人間も、そういうあなたをさらに好きになるでしょう。ここから好循環が始まって、人にも好かれるし自分も好きという肯定的な自己像ができあがるのです。

32 他責の人になるな、自責の人になれ

何かうまくいかないことがあった場合、その原因を問われて、まず自分がやるべきことをすべて最大級にやったかどうかを考えるのが自責の考え方。他人や会社や社会のせいにするのが他責の考え方です。

「あいつのせいだ、と指差したとき、人差し指と親指は相手を差していても、残りの三本の指は自分のほうを差している」

これは私のオリジナルではなく、ジョンソン・エンド・ジョンソンの元社長新将命氏の言葉です。自責の人は、絶えず自分のことを反省し、前向きの努力目標を作り、前向きに行動していくので進歩があります。

他責の人は「自分のせいではない」と考えますから、反省もしなければ努力もしない。したがって進歩もありません。自責の人と他責の人では、どんどん差がついていきます。他責の人ばかり増えたら会社は潰れてしまうでしょう。

最近の日本は、他責の人が増えているように感じられます。

高い地位にある人たちでも「自分のミスでした。責任をとります」とはなかなか言わない。リーダー達がそうですから、今の若い人たちが「自分の責任」に無頓着なのも、あるいは無理ないことなのかも知れません。

しかし、幸運に巡り合いたいなら、やはり自責の人になるほうが、チャンスに恵まれやすい。なぜなら自責の人は、問題に真正面から関わって行きますから、問題を解決すれば実績になるし、自分も進歩します。

自責の人になるのは簡単です。

「良いことは他人のおかげ、悪いことは自分のせい」

といつも思えばいいのです。この心構えでいれば、良い結果が生じたとき「自分の功績だ」などと誇ることなく「みんなのおかげ」にするから、周囲の人々には好感を持ってもらえます。

また、悪い結果を「自分の責任だ」と言えば、周囲の人々は「そんなことない。自分たちも悪いんだ」と素直な気持ちになってくれます。自責の人でいれば、他人から信頼され他人がもりたててくれるようになり、結果的に幸運に巡り合うチャンスが増えてくることになります。

33

自分で燃えられる人間になる

ある人から聞いた話ですが、人間には次の四つのタイプがあるそうです。

1、自分から燃えるタイプ
2、他人が火をつけると燃えるタイプ
3、他人から火をつけてもらっても燃えないタイプ
4、せっかくついた他人の火を消すタイプ

3・4は論外で、2も悪くはないですが、やはり1の「自分から燃えるタイプ」が一番望ましいのではないでしょうか。

仕事に前向きで元気のいい人は、だいたいが自分で燃えるタイプです。人から激励されたり、刺激を与えられると燃えるタイプは、上司や同僚などに火をつけてくれる人がいないとレベルダウンする欠点があります。

問題は「自分で燃えられるタイプになりたい」と思って、なかなかなれないとき、どうしたらいいかです。

一つ良い方法があります。それは「自分はこの人のようになりたい」と思う人を見つけて、徹底してその人のまねをしてみることです。

人は無意識に、スターでも歌手でもスポーツ選手でも、自分が好きだったり憧れている人のまねをする傾向があります。この性質を利用するのです。

「あの人は仕事もできるし、いつも元気で明るく、人にも好かれている。自分もああなれたらいいなあ」

と思ったことはありませんか。そういう人をただ眺めているのでなく、その人のすべてを見倣うのです。その場合に「どうやったらそうなれるのですか」などと聞く必要はありません。手っ取り早いのは、その人の外見からまねていくことです。

まず、その人の服装や振る舞い方、行動パターン、しゃべり方、笑い方、人との接触の仕方など、傍から見ていて捉えられる要素を自分の中に取り入れていくのです。電話のかけ方なども参考になります。

そうやって徹底的にまねていると、心の持ち方がわかってきます。へたに「どういう心構えで……」などと聞くよりも、このほうがはるかに理解がしやすいし、本質が理解できます。なりたい自分になるには、理想のモデルを見つけて徹底的にまねるのが最良の方法なのです。

34

熱く燃える時期を持とう

「あのときはよくがんばったなァ」「無我夢中だったなァ」と、なつかしく振り返ることのできる一時期を持った人は幸せです。

能力を高めるためには、能力以上のものに挑戦しなければなりません。このことは筋肉を鍛えるときと一緒です。ボディビルで筋肉を鍛えるときは、楽にできることをやってもだめです。ちょっときつめの運動をする必要があります。

人生も同じで熱く燃える一時期を持つと、それが基礎体力になって後々に良い影響を与えるのです。実力もあり、チャンスも与えられているのに、いまいち仕事ぶりがパッとしない人がいます。また、実力はちょっと劣るけれども、わき目もふらずにがんばって、良い成績を上げる人がいます。

この差はどこから来るかと言えば、結局はその人の持つ仕事に対する熱意の差なのです。熱意を持っていれば、自ずと創意工夫が生まれ、実力以上のことが可能になってきます。いくら実力があっても、熱意が不足していると、実力でははるかに劣っている人にも負けてしまいます。

前に「自分で燃えられる人間になろう」ということを書きました。そして、そのためには自分が「この人はすごいなあ」という人のまねをすることを勧めました。しかし、不幸にして身近にそういう人がいない場合もあるでしょう。そういうときは「目標を作ること」を私は皆さんに勧めたいと思います。

ここでいう目標は仕事上の目標ではありません。自分の人生目標です。人生をよりよく生きるためには、自分なりの目標が不可欠なのです。確固たる目標があると、人生は潑らつとしてきます。なぜかというと、自分の望むことを達成しようと努力することは、人生で最大の楽しみだからです。

「遊んでいたほうが楽しいな」「趣味のほうがいいな」

などと思っている人がいるとしたら、まだ人生の本当の楽しみを知らないのです。

ギリシャ時代の哲学者タレスに青年がこう質問しました。

「師よ、人生で一番楽しいことは何ですか?」

タレスは答えました。

「目標を作って、それへ向かって努力することだ」

私は、この言葉は至言だと思っています。

35 自分の人生は、自分でシナリオを書く

一年の初めにあたって、「今年はどんな年になるだろうか」と考える人は少なくないと思います。しかし、その考え方に私はちょっと不満を感じます。「どんな年になるだろうか」では他人任せ過ぎると思うのです。そうではなくて「今年はどんな年にしようか」でなくてはなりません。

それはちょうどその年の新しいダイアリーを前にしているようなものです。そこに書き込むのは自分であって、ほかの誰でもありません。まだ何も書き込んでいないダイアリーを、他人に渡して「書いてください」とは誰も言いません。

ところが自分の人生を、まるでそうするように、他人任せで生きている人が、多いように思います。

たとえば会社が社員教育の研修をします。そうすると、会社がやるんだからと、渋々参加する。そういう意識の人は、決して熱心には学ばない。それで良いと思っているようです。しかし、それは大変な心得違いだと思います。

本来なら会社は社員研修など、特別な場合以外はしなくて良いのです。たとえば挨拶の仕方とか、電話のとり方、敬語の使い方など、成人するまでにちゃんと自分で心得ておくべきことで、本当は会社がそんな研修までする必要はないのです。

しかし、今はそれができない人が多いので、会社は色々な研修をしなければならなくなっています。本音を言えば、自分たちが足りないところを自分たちで気づき、自主的にそれを補うか、「研修をやってください」と言ってきてくれたらいいなと私は思っています。

会社が社員の足りないところを見つけ、それを研修という形で補う今の姿は、まだ巣から出られない鳥のヒナが、口を開けて親鳥がエサを運んできてくれるのを待っている姿とだぶって見えてしまいます。

人生とは自分でシナリオを書き、自分で演出監督をして、自分が主役になって演じる芝居のようなものです。

あくまで自分が主役。会社で仕事をするのも、そのなかの一コマに過ぎません。しかし自分でシナリオを書かないでいると、知らぬ間に他人の書いたシナリオの脇役を演じさせられる羽目になるかも知れません。それでもかまわないのでしょうか。

36 やる気は待っていても来てくれない

やる気に相談して仕事をするのは、あまり感心できません。

やるときはやるけれど、気が向かないとしない。芸術家ならそれでもいいのでしょうが、会社の仕事はそういうやり方ではうまくいかないのです。

ところがなかには、やる気というものをすごく大事にして、それを待っている人がいます。そういう人はひとたびやり出すと、人の二倍も三倍もやってくれることがあるので、けっこう仕事のできる部類に入ったりしています。

しかし長い目で見ると、ウサギとカメの競走と同じで、やる気に頼る人はウサギ型になってしまいます。

会社の仕事は継続性が求められるので、むしろカメ型のほうが結果的には良い仕事をする人間になれます。

人がやる気になる条件は三つあるといいます。

第一は「目的意識を持つこと」、第二は「好きになること」、第三は「環境が整うこと」。この三つが揃ったとき、人はやる気になるといわれています。

もっとも三つ揃わなくても、どれか一つが際立っていれば、それなりにやる気を起こすようです。やる気を待っている人は、この三つのすべてか、どれか一つが際立ったときにやる気になるのかも知れません。

しかし、この条件が揃っていても、やる気にならない人もいます。自分でも「がんばろう」と思っているのになぜかその気にならない。そういう人はどうしたらいいのでしょうか。

余計なことは考えないで、とにかく体を動かしてみることです。朝、眠くて眠くて仕方がないとき、無理矢理起きて体操すると、嘘みたいにすっきりする。肉体のこの変化は心理的にも同じ効果があります。

「行動というものは、常に判断の停止と批判の中止とによって、はじめて可能になる」という言葉があります。つまり、行動を抑えているのは「ああでもない、こうでもない」という理屈や批判だというのです。

理屈や批判や言い訳を一切やめて、とにかく行動してみること。真のやる気を引き出してくれるのは、それしかありません。

37 PACの三つの役割

自分自身がどういう人間であるかを正しく認識するのは、とても難しいことのようです。いくら自分のことを客観的に見ていると思っても、実は自分の主観にがんじがらめになっているものだからです。

人が誉めるのは社交辞令が多いとわかっていながら、自分が誉められると、つい相手が本心からそう思っているのだと錯覚してしまいがちです。人間は他人には厳しく、自分には甘いものなのです。

あまりに自分に厳しすぎるのも問題ですが、自分への甘さは成長の阻害要因の最大のものといってよいかも知れません。少しでも自己の成長を心がけるなら、自分を冷静に客観的な目で検証することも必要になってきます。

客観的な目で自分を見る場合に好都合な一つの理論があります。それを紹介してみましょう。人間はその時々で人として色々な役割を演じます。それを親（P）と成人（A）と子ども（C）の三様に分けて考えるのです。

つまり、あるときは「親のように」、またあるときは「成人（一人前の大人）のように」、そしてときには「子どものように」。たとえば、子を持つ親であれば子どもに対しては親のように振る舞い、職場では一人の成人として振る舞い、オフタイムにくつろぐときは子どもっぽい遊びや言動でストレスを解消します。

ＰＡＣがそれぞれ適切に発揮されていれば、社会人としてうまく生きていくことができます。ところがときどきＰＡＣが不適切に発揮されることがあります。

たとえばＡ（成人）として振る舞わなければならない職場で、Ｃ（子ども）のように無責任に駄々をこねたり、上司としてＰ（親）のように接しなければいけないのに、部下と同じレベルでいさかいをしたり……こういうことがよくあります。

大切なのは、自分が今ＰＡＣのどれで振る舞わなければならないかを、常に意識しながら行動することです。その点検作業こそが、自己を客観的に眺めるということにほかなりません。

親としての自覚があれば教育的見地から人を指導できます。成人（大人）としての自覚があれば無責任な言動にはブレーキがかかります。子どもの心を持てば、職場に明るさと楽しさを持ち込めます。一人一人が三つの心をＴＰＯで使い分けることができるようになってほしいものだと思います。

38

自他認識の違いを知る

私の子ども時代は戦争に負けたばかりで、ものが極端に不足していました。親たちは「子どもに明日何を食べさせよう」と真剣に悩んだものです。

人々は食べ物、着るもの、住むところ探しに必死で、なりふりかまわないところがありました。他人にどう評価されるかなど二の次でした。人間は食べることと安全が確保できるまでは、ときに人間らしささえ失ってしまう場合があります。

ですから戦後の貧しい時代を知っている私たちの年代の者は、いくら不況とはいえ今の日本を「まだまだ捨てたものじゃない」という気持ちがあります。ところがもの不足など知らない若い世代は、「良い就職口がない」とか「自分のやりたい仕事に就けない」「給料がもっと欲しい」といった悩みを口にします。

より高い目標を持つのは良いことですから、こういう考え方を一概に否定するつもりはありません。しかし、豊かさゆえにややエゴイストになっているところも見られるように思います。

この傾向は「自分が満足すればいい」「自分が一番大切だ」という考え方になって表れています。戦後、急速に広まった個人主義的な考え方が利己主義へと傾いた結果でしょう。

一つ気づいてもらいたいことは、評価というものは自分でするだけでなく、他人もしているということです。そして、多くの場合は他人の評価によって動かざるを得ないということです。

会社でもそうです。会社が色々と社会のためになることを考え、社員がそのように行動しても、消費者や顧客がそれを認めてくれなければ、会社は存続していくことができなくなってしまいます。

同じように個人も、「自分はこれだけの仕事をやったのに認めてくれない」とか「これだけの仕事でこの給料は安すぎる」と言っても、現実は上司や周囲の人々の評価が優先してしまう。この事実を冷静に受け止めてほしいのです。

自己評価も大切ですが、他人の評価をきちんと受け止めて、自分の評価と比べてみる冷静さも持ち合わせていないと、不満ばかりつのって、良い人生が歩めなくなってしまいます。つまり自他認識の違いを知ることです。世の中は不公平に見えて、結構公平にできているものなのです。

39

人生はその人の考えたとおりになる

こういう言い方をすると、道徳の教科書みたいに感じられるかも知れませんが、実際に良いことを思い、良い行ないをすることは、幸運に巡り合うすごいノウハウだと思うのです。自分の心が安定し、幸運をつかみやすい状態を作るからです。

あなたは自分のこと、人生のことをどんなふうに考えていますか。

「人生ってなかなかいいもんだ」

「生きるって結局はつらいことなんだ」

「いいときもあれば苦しいときもある」

どれも当たっています。

しかし、これらすべてを引っ括めて考えると「人生とはその人の考えたとおりのもの」になるのです。ですから、どう考えようとそれは当たっているのです。

「人生は戦いだ」という人は一生戦い続けるでしょう。「人生はつらく苦しいものである」と考える人は、そういう人生を送るでしょう。「人生って楽しい」と言う人は楽しく過ごすはずです。

なぜかというと、そういう判断は「現在」がするわけですが、現在は過去の考えの結果だからです。そしてやがて訪れる未来は現在の考えによって形作られるので、いつも自分がどう考えるかが決定的な要素なのです。

すべてはその人の心から始まるのです。あなたがどう考え、どう行動したかによって、あなたの人生は決まってきます。ですから、楽しい人生を望むなら、楽しく考え楽しく行動するしかありません。

今していることが腹立たしくても、つらくても、それを楽しい気持ちで捉え、楽しい気持ちでやるしかないのです。

たとえ何かのはずみで大金持ちになることはできても、それが幸福であるとは限りません。実際に社会的には大成功した人で、あまり幸せそうでない人を、あなたも見聞したことがあるはずです。

幸福か不幸かは結局は心の問題なのです。ですから、まず何をおいても自分の心を幸福モードにしておかなくては、どんなに成功しようが目標を達成しようが、達成感はあっても幸福感は味わえないかも知れません。ささやかでも良いことを思い、良い行ないをしているほうが、はるかに幸せなのです。

40

いくつになっても学ぶ姿勢を持つ

私は今年（二〇〇二年）で六十二歳になりますが、まだまだ勉強が足りない、学ぶことがいっぱいあると思っています。また、出会う人からは何かを学べるという意味で、みんな師のようなものだという気持ちを持っています。

最近は「生涯学習」ということが盛んに言われ、地方自治体などもそうした受け皿づくりを行なっていますが、高齢化社会対策ということを加味しても、大人が学ぶ姿勢を持つことは良いことだと思っています。

昔の人を見ても、生涯現役を目指した人は結構いるものです。たとえば葛飾北斎は九十歳の長寿を保った人ですが、晩年になってからも少しも衰えることなく創作に励んで立派な仕事を残しています。

それだけでもすごいと思いますが、もっとびっくりするのは北斎が立てた人生計画です。七十歳を過ぎてから北斎は、まるで青年のように、以後の人生計画を立てているのです。

「八十にしてますます進み、九十歳にしてなお奥義を極め、百歳にして正に神妙ならんか。百十有歳にして一点一画生きるがごとくあらん」

今のように平均寿命が伸びた時代ではありません。そんな時代にこれだけ壮大な人生計画を立てて、九十歳まで生きたバイタリティーは現代の私たちでもちょっと敵わない気がします。

現代はこれだけ栄養的にも医学的にも恵まれているのに、サラリーマンは六十歳前後でリタイアすると、急速にぼけてしまう人が珍しくありません。特に現役時代に忙しく働いていた人ほど、リタイア後の衰えが早いといいます。

人間の体と頭の関係は、普通体のほうが先に衰え、頭のほうは二十年、三十年遅れて来るそうです。つまり六十歳で精神年齢三十歳という人がいても少しもおかしくないということです。

三十歳で転職しようという人を面接していて、

「三十までが最後の転職のチャンスだと思います」

というセリフを何度も聞きました。この人たちは、三十歳はかなりの年寄りとでも思っているのでしょうか。人生、先は長いのです。いつまでも学び続け、チャレンジし続ける気持ちが大切なのではないでしょうか。

41 恐れる心を恐れよう

人生を前向きに生きていく上で最大の障害になるのが「恐れる心」であると思います。不安や心配は何かを恐れるから出てきます。

これは危険を避けようとする正しい反応ですが、実際はどうかというと、不安も心配も、まだ起きていないことを想像の世界で恐れているのです。注目していただきたいのは「それはまだ起きていない」という点です。

恐怖心の正体は心の影なのです。よくいわれる「幽霊の正体見たり枯れ尾花」は、恐くて仕方がなかったものも、よく見てみれば「な〜んだ」というようなものであったということです。それを恐れた原因は自分の心にあったわけです。

親は子どものことでよく心配しています。生まれたときから「危ないですよ」「いけません」と心配し、色々な禁止条項を設けようとします。しかし、不安や心配は人を消極的にさせるので、こういうやり方は必ずしも子どものためにはなりません。

極度に恐れるということは、それを心に強く焼き付けることで、心の働きにおいてそれは強い願望や期待と違いはないといわれています。つまり恐れることは自己暗示を生んで、本当に恐れたとおりの現実に遭遇しやすいのです。

ですから心配性の人は、いつも心配していなければなりません。というのは同じような生き方をしていても、心配性の人は心配しなければならないような現実に出合いやすいからです。これは割が合わないと思いませんか。

だとしたら心配はなるべくしないようにすることです。不安にはなるべくかられないようにするべきです。

先に述べたように不安も心配も現実には起きていないことです。まだ起きてもいないのなら、まったく別の形でも考えられるはずです。

たとえばリストラされるのではないかと心配している人は、そのことが気になって良い仕事ができないはずです。

顔つきも暗くなるし、失敗も多くなるでしょう。人間関係もうまくいかなくなるかも知れません。

つまりリストラを恐れるあまりに、自分で自分をリストラされる側に追い込んでいくのです。一番恐れなければいけないのは、自らの内にある「恐れる心」のほうなのです。

42
感謝の気持ちを表す習慣

人から何かして貰ったとき、それを当たり前と思わないで「ああ、ありがたい」と感謝する気持ちを持っている人は、幸運に恵まれやすい人です。

なぜなら人は、何かしてあげたことについて、感謝の反応があると「またしてあげたい」という気持ちになるからです。このことは対人関係に限りません。あらゆる事柄に対して、自分が何か恩恵を受けたなら、素直にそれに感謝する。そういう気持ちを持つと、心が安らぎ、すべてが順調に運ぶようになります。

私は自分が早く両親を亡くしたせいか、両親への感謝の気持ちが非常に強いようです。小さいときから、そういう癖がついたせいで、人から何かしてもらうと、とてもうれしいので、その気持ちを素直に表していました。

すると不思議なことに、本当に嫌な人とか嫌な目にあまり縁がないのです。それどころか、私自身はこれといった特別な能力も持たない人間であったにもかかわらず、人生の節目やピンチになると、不思議に救われたり、チャンスを貰って、今日までやってこられました。

ですから私は私の幸運な人生に感謝の気持ちでいっぱいなのです。キリスト教の世界では祈りの言葉の中に「神への感謝」という言葉が頻繁に出てきます。自分にプラスになる行為をして貰ったときは、些細なことでも「ありがとう」の気持ちをちゃんと表す習慣が身に付いています。

ところが日本の場合は、以心伝心の世界ですから、ちゃんとお礼を言うべきときですら、黙っていることも少なくありません。もちろん、それでちゃんと通じているという前提があってのことですが、この手法は現代では、誰にでも通用するものではないように思われます。

感謝の気持ちを表す習慣を身に付けるには、身近なちょっとした心配りに、ちゃんとお礼をすることを実行すれば良いのです。たとえばエレベータの扉が閉まりかけたとき、中の人が「開」のボタンを押し続けていてくれたとしたら、黙って会釈するだけでもいいでしょう。

そうすれば相手の心も和んで、また同じことをしてくれるでしょう。こちらも逆の立場になったら、してあげたいという気持ちになります。常に感謝の気持ちを忘れないということは、人生をより良く生きる上で極めて有益な習慣だと思います。

43 パニックを解決する二つの法則

思いがけない緊急事態が発生し、パニック状態に陥ることがあります。パニック状態というのは、急激な混乱状態のことで、これが非常に恐いのは、普通にできることすらできなくなってしまうことです。

しかし、仕事をしていると、本当に思いがけないことというのは、そうたびたびではないにしろ、起きることを想定しておかなければなりません。それは地震に備えて避難場所やグッズを用意しておくのと同じ発想です。

基本的な考え方は、あくまで冷静に対処する、決して慌てないということです。そういうときは上司、部下を問わず、誰かがパニックに陥ると、一瞬にして周囲に伝染して、みんながパニック状態に陥ってしまいます。

しかし「慌てるな」「冷静に対処せよ」と言うだけでは、そういう緊急事態にそれができる保証はありません。「そんなことはわかっているが、それができないのがパニックではないか」という声が聞こえてきそうです。

そこで日頃の考え方が大切になってきます。仕事上で突然夢にも思わないような事態が発生したときどうするか。私はこう考えておけば良いと思います。問題の解決には二つの法則があります。

一つは「問題がその人に降りかかってくるとき、その問題は絶対に解決できる」というものです。別の言い方をすれば「その人に解決できない問題は、その人に降りかかってはこない」ということです。

ですから、それがどんなに思いがけないことであっても、自分に降りかかってきたからには「ああ、自分で解決できるのだ」と思うクセをつけておくことです。

しかし現実にパニックになるような問題は、とうてい自分で解決できそうもない問題でしょう。ですから「大変だ。どうしよう」と慌ててしまうのです。

そのときは二つ目の法則が生きてきます。それは「解決策は思いがけない形でやってくる」ということ。思いがけない形でやってくるから、そのとき思いつかなくて当然です。

つまり「自分で解決できる」と「思いがけない形で……」をセットで考える習慣をつけておくと、問題解決の奥の手として、いかなる問題がどんなに劇的に生じようと、冷静に対処できるようになります。

44

いつも笑顔を絶やさない

　ある日の夕方、ちょうど退社時間の頃のことです。地下鉄の駅の階段を上って外へ出ると、駅へ向かって大勢の人が押し寄せてきます。その人たちを見て、私は愕然としました。

　肩を落として、暗い表情をした人が多いのです。こういう情景から色々なことが読み取れます。たとえば世の中が不景気でみんな苦労していること、仕事がきつくて疲れていること、あるいは個人的な悩み……だが、もしそのなかに自分の知っている人がいたらどうでしょうか。

「あ、誰々さんだ」と気がついたとして、その表情がいつも自分が知っているその人とは打って変わって暗いものだったとしたら、声をかけるのさえはばかられるのではないでしょうか。そしてその人に対して今まで抱いていたイメージを一変させてしまうかも知れません。

　それを見ていて私は「ああ、これはいけないな。どこで人が自分のことを見ているかわからないのだから、外にいるときはいつでも誰から見られても、楽しい明るい雰囲気を持っているように努めなければ」と思いました。

そのためには微笑みを浮かべることが一番です。楽しい表情、態度をすると人が寄ってきます。人が寄ってきてくれることで、仕事もいいほうへ回っていくのではないでしょうか。いい運が向いてくるのもそういう人になのです。

電話をかけるときも同じです。笑顔を浮かべながら話をすると、声がやわらかくなって、先方に対して良い印象を与える。どうせ見えやしないからいいだろうと、ブスッとした顔でいると、声もその表情に似たものになってしまうものです。

私の会社では、以前スマイルミラーというものを作っていました。一人一人自分の名前入りの鏡を電話機のそばに置いておき、電話に出るときはその鏡に向かってちょっと微笑んでから出るようにしていたのです。

このスマイルミラーのおかげで、わが社の社員は外部の人に、ずいぶん良い印象を与えたと思います。それは外部の人のためというよりも、自分のためなのです。今は携帯電話が普及したため、電話のそばに鏡を置くことの意味がなくなってしまいましたが、こういう時代だからこそ、いつも笑顔を絶やさないことは、ますます大切になってきているのではないでしょうか。

人との接し方

45

誉めるとき、叱るとき

以前、私は市場調査会社に勤務していて、そこで百人の女性社員の管理をする部門の部長になったことがあります。

まだ二十八歳の若さでしたから、すべての面で未熟だったと思います。そんな私が大勢の女子社員の上司になったのですから、それは大変な苦労をしました。

たとえば、ミスをした若い女性社員をつかまえて、ついきつい言葉で叱ってしまうのです。相手は泣き出して部屋を出ていく。私は「みんなの見ている前で女性社員を泣かす冷酷な上司」になってしまうのです。

私にはそれが心外でした。というのは、私はめったやたらに自分の感情に任せて叱ったことなどないからです。仕事をきちっとする人はちゃんと誉めてあげ、だめな人には注意をする。自分ではフェアにやっているつもりでした。

ところが注意されるほうは「部長は向こうの子にはいいことばかり言って、私のことは怒ってばかりいる」と思ってしまうようなのです。自分がいくらフェアだと思っても「それだけではだめなんだ」ということを知らされたのです。

もし私がフェアにやっているとしたら、自分だけがそう思うのではなく、他の人たちにもそう思われるようにしなければならない。非常に難しいことですが「そうしなければだめなのだ」ということを悟ったのです。

つまり「相手の立場になって考える」ということです。具体的にどうすればいいかは、二年、三年と女性社員と一緒に仕事をするうちにわかってきました。それは叱るときにも、できるだけやさしく話しかけることです。

むろん、こちらの言いたいこともきっちり伝えますが、同時に相手の言い分も聞いてあげる。そういう叱り方なら、相手も傷つかないし、また改める気持ちにもなってもらえるのです。

人は誉めるときはニコニコして言葉をかけますが、叱るときは無意識にもきつい言葉を使おうとします。しかし、叱られる身になれば、いかにも叱られているという姿で叱られるのはつらいものです。

叱るのはあくまで手段であって目的ではないのですから、言うことはきちっと言わねばなりませんが、穏やかにやさしく叱るほうがむしろ効き目があります。このことは女性社員だけでなく、男性相手にも通じることだと思います。

46

良いチームプレーヤーたれ

会社というところは、チームプレーで仕事をするところです。役職は色々ありますが、大きな目で見れば、誰が偉いわけでもない。みんなが一緒になって協力して、会社を発展させることで自分たちの生活を豊かにし、仕事を通じて社会にも貢献していく。そういう舞台が会社というものです。

私はこれまでにいくつかの会社で社長を経験しましたが、自分がその会社で一番偉いのだと思ったことはありません。会社の構成員はみんな平等な立場にあるという考え方を基本にするべきだと思います。

では上司がいて部下がいる関係は、どう理解したらいいのでしょうか。上司は指示や命令を下し、部下はそれに従わなければならないのはなぜでしょうか。それはゲームをやるときのことを考えれば良いと思います。

どんなゲームにもルールがあります。そのルールは守らないとゲームは成立しません。ですからゲームに参加する人は、誰でもそのルールに従わざるを得ません。自分が先にしたくても、決まった順番は守らなければならない。どんなに偉い人も、優れた能力を持っている人でも、ゲームでは平等に扱われます。

会社もこれと同じで、会社のルールに則って仕事をするのです。そして、その基本はチームプレーでなければなりません。チームプレーのスポーツでは、一人一人が常に全体を見ながら行動し、仲間がミスをすればそれを補い、得点を挙げればみんなで喜びあっています。

そしてケガをしたようなときは、思いやりの心を発揮しています。練習段階では、ときに意見の食い違いから対立することもあるでしょうが、最終的には勝つという目的のために一致団結します。

会社というところも、これと同じに考えれば良いのです。会社が良くなれば自分も良くなる。会社が不調になれば、自分たちも苦しまなければならない。会社と自分は運命共同体といって良いのです。

ことさら愛社精神などといわなくても、自分を大切にする気持ちを持っていれば、そして自分の仲間を大切にする気持ちを持っていれば、自ずと会社も大切に思うようになるはずです。会社に所属している限りは、良いチームプレーヤーになることを心がけたいものです。

47

注意されない人は見放された人かも！

最近の若い人たちのなかには、注意されるとムーッとする人がいます。叱られたり注意されたりすることの経験が乏しいからなのでしょう。

近頃は学校でも先生が生徒をあまり叱らない。学校教育も家庭教育もこの辺に問題がありそうです。だから、注意されることへの免疫ができていないようで、すぐにキレてしまい、校内暴力が起きたりする。

会社となると、注意すべき点が出てきた場合、単にその人の問題にとどまりませんから、放っておくことはできません。上司や先輩は色々な形で注意や忠告をします。それをどういう態度で聞くべきでしょうか。

注意されたら、素直に耳を傾けて「よく言ってくれた」と感謝する、というのが正解だと私は思います。なぜなら注意され反省することによって、自分が一つ進歩するきっかけが得られるからです。

私はもともと、人から注意されることを少しも嫌だとは思わない質《たち》で、むしろ自分が気づかないマイナスを指摘してもらえたのだから「良かったな」と思ってきました。自分が運がいいのは、この性格によるところも大きいような気がします。

人は生まれついたときから、物事を知っているわけではありません。人の言うことや勉強したこと、経験したことを糧にして、だんだん成長していくものです。

ですから注意や忠告をされたら、自分が成長する機会を与えられたと思わなくてはいけません。恐いのは注意をされない人のほうです。

なぜなら、そういう人は「注意しても聞く耳を持たないからやめよう」と思われている公算が高いからです。

注意するとすぐ反発するような人に対して、周りの人間は注意したいことがあっても、やがて何も言わなくなります。

言われなくなったから「良くなった」と思ったら大間違い。その人はもう見放されているかも知れないのです。

注意、忠告の大切さを、貝原益軒が次のように教えてくれています。「人の悪事多けれど、いさめをきらふは、悪のいと大なるなり」。この言葉は記憶にとどめておきましょう。

48

謝るときには徹底して謝れ

何かミスをして相手を怒らせてしまった場合、謝らなければなりませんが、この謝り方というのも難しい問題です。

私は「謝るときには徹底して謝る」のがベストだと思います。下手に言い訳などしないで、何度も何度も丁重に謝罪の言葉を口に出すのです。たとえ、それが相手の誤解によるものであってもです。

相手の誤解による場合には、そのように「誤解させてしまった」ことについて謝るのです。なぜかと言えば、相手は感情的になっていますから、感情を鎮めなければ、何をどう言っても収まらない。

下手に相手のミスを指摘したり解決策を持ち出したりすると、それがかえって怒りを大きくすることも十分に考えられます。

私たちの人材派遣という仕事は、派遣する人たち（スタッフ）と、その人を雇用する会社（クライアント）の両方があって、その中間で両者の利益になるように尽くす立場のため、色々なトラブルで板挟み状態になることがあります。

仮にクライアントが怒ったとして、こちらにもそれなりの言い分がある場合がありま す。そういうとき、こちらの言い分を相手がまだ怒っている段階で出してしまったら、怒りの火に油を注ぐようなものです。

ですから、まず怒りの火を消すことに専念しなければならない。ところが持ち出し方が悪いために、余計向こうを怒らせて、そのうちこっちも「なんてわからず屋なんだ」と腹を立て、謝りに行ったのに逆にケンカをして帰ってくるなどということも、まったくないわけではありません。

謝りに行かなければならない状態というのは、誰もが気が進まない仕事です。しかし実際はそこにチャンスが潜んでいることもあります。

相手の怒りが収まると、意外に聞く耳を持ってくれるものです。

夫婦でも友人関係でも、大ゲンカした後に「雨降って地固まる」で、かえって良好な関係になることがよくありますが、仕事でもクレームを上手に解決したことによって、逆に新しい注文を持ち帰ってくるという場合さえあるのです。

49 他人の悪口は言わない

他人の悪口を言っている人の表情は、見ていてあまり気持ちが良いものではありません。その人の評価が高まることもない。だから、人の悪口は言わないに限ります。

なぜかというと、言葉には力があるからです。人の口から出る言葉は、他人を喜ばせたり、怒らせたり、感心させたり、色々な効用がありますが、案外忘れられているのが、しゃべる本人への影響ということです。

どんな言葉であれ、自分の口から出た言葉を、最初に聞くのは自分です。そして人の心は耳から聞いた言葉によってなにがしかの影響を受けています。

いつも明るく前向きな言葉を口にしていると、最初の聞き手である自分が良い気持ちになれる。悪口のような言葉は、それが他人に向けられたものであっても、自分に言ったのと同じことになってしまうのです。

「あの人は嘘つきだ」

「人情味が足りない」

「仕事がいい加減な人だ」

仮にそれが事実であったとしても、言葉の影響力は聞かされるほうよりも、自分自身に与えるほうが大きいのです。

その上に悪口は他人を通じて尾ひれがついて、相手に伝わる場合があります。そのときは、こちらが言ったこと以上の悪意がこもったものになっていて、相手がそれを知って怒れば、関係は極端に悪化します。職場でそのような状態を作り出してしまったら、信頼関係が築けません。チームプレーがスムーズにいかなくなります。

それからもう一つ、人の悪口を聞かされる側は、悪口を言う人が、自分のことも他人に同じように言うかも知れないと思うものです。ですから、いつも他人の悪口を言っている人は、信頼されません。

そういう自分を作り上げた人は、自分が悪口を言うから悪循環にはまってしまいます。つまり悪口というものは、常に全部自分のところへ返ってくるのです。悪口を言って得することは一つもありません。

一方、他人の悪口を聞かされた人は、心に納めて人に伝えないようにすることが大事ですが、耳にした他人の噂は興味深いもので、ついつい第三者に口外してしまう結果となります。要注意です。

50 小さな成功体験を積み重ねさせる

部下を育てるとき、小さな成功体験を積み重ねさせることが、自信をつけさせる一番良い方法だと思います。たとえば新人に飛び込み営業をさせる。「五枚は名刺を貰ってきなさい」と指示したところ、十枚貰って帰ってきたとします。

そういうとき「すごいじゃないか。目標の倍やったね」と誉めてあげるのです。ベテランから見ると、五枚や十枚なんて論外で、五十枚でもまだ足りないくらいなのですが、初めはそういうことを言ってはいけません。

どんなにささやかでもプラスの結果を出したとき、それをちゃんと認めてあげるととてもうれしいもので、それが意欲へつながってくるからです。

成功というものは、小さな成功も大きな成功も、言葉ほどの差はないものです。成功という一点においては、むしろ同じと考えたほうが良いでしょう。よく大きなことばかり言って、少しも成就しない人がいますが、そういう人は本質は同じなのに、小さな成功をしようとしないからです。

物事で成功したいと思うなら、大小に関係なくとにかく一度は成功体験を味わってみることが一番です。昔、プロ野球・巨人軍の王選手がデビューしたとき、何打席もヒットが出ないで痛々しいくらいでした。

それにも拘らず監督は王選手を使い続け、三十何打席目かに初ヒットが生まれたのです。ホームランでした。もし、打てないからとすぐ引っ込めてしまったら、前評判が高かっただけに王選手は自信喪失に陥ったかも知れません。

私たちも新人社員に一番気を使うのは「自信をつけさせること」です。「自信は成功の第一の秘訣である」という言葉があります。アメリカの詩人エマーソンのものですが、仕事で成功してもらうためには、どうしても自信を持ってもらわなくてはなりません。

といっても自信ばかりは、いくら口で言って聞かせても、なかなか持てるものではありません。ですから、どんなささやかなものでもいいから「君は成功したんだよ」ということを教えてあげなくてはいけないのです。

「名刺十枚？　俺なんか最初の日に五十枚貰ってきたぞ」

などというのは、たとえそれが励ましの意味であっても、決して言ってはならないことだと思います。

51 短所こそプラスの要因になる

「君のそういうところは良くない」

欠点を指摘して直したところで、マイナスがゼロになっただけです。それより「君のここはすばらしいね」と誉めて、長所を伸ばしたほうが、結果的には良い仕事ができるようになります。

それから欠点を直すと長所が消えてしまうこともあります。なぜかというと、欠点と長所は裏表の関係にあるからです。でしゃばりが欠点だといって直したら、積極性がなくなってしまった、というようなことがあるのです。

ですからリーダーは部下の欠点をあまり指摘する必要はありません。それよりも長所をよく見てあげてください。どんな人にも良い点は必ずあります。それを見つけて誉めると、その人は喜んで言うことを聞くはずです。

長所を見つけてあげることには、もう一つ良い点があります。長所を見つけるということは、基本的に誉めることにつながりますから、誉めた側が相手から好感を持って貰える。長所発見型の上司がいる職場は明るくなります。

ガミガミと欠点ばかりを指摘する上司のいる職場は、みんなが萎縮して暗い職場の雰囲気になってしまいます。暗い雰囲気で良い仕事ができるはずがありません。それから欠点を直すという試みは、みんな同じタイプにしてしまう危険性があります。

色々なタイプがいて、能力も個性も違っていて、その組み合わせによるチームワークが良い方向に働いたとき、見事な仕事ができるのです。さらに言えることは、欠点は時代の変化とともに長所に変わることもあるということです。

昔は交通ストライキがあると、線路を歩いてでも会社に出勤するような勤勉なタイプが賞賛されましたが、個性尊重の現代では、実績がものをいい、表面的な勤勉さを売り物にはできなくなっています。

もう一つ大切なことを言えば、欠点そのものが役に立つこともあります。松下幸之助さんが次のような主旨のことを言っておられます。

「学問がない、体が弱い。これらは常識的には短所と考えられている。けれども、私の場合はそのことがかえって幸いした。自分に学問がないから、どんな社員でも私には偉く見える。それが人を使う上でプラスになった。また、体が弱いからどうしても人に頼む。これがまた成功の原因の一つになったのである」

52 他人に尽くせば自分に返ってくる

他人のために何かをすることくらい、自分に役立つことはないと思います。

アメリカにこういう話があります。

あるホテルに滞在していた大富豪の老人は、ホテルの従業員から嫌われていました。どんなによくしてあげてもお礼も言わない。ちょっとしたことで文句を並べ、無理難題を吹っかけるのです。ですから、みんなこの老人と関わるのを嫌がっていました。ところが新米の一人の青年だけは違いました。

彼はこう考えたのです。

「この人はきっと病気なのだ」――と。病気と思えば少々のわがままも許せる。そういうつもりになって、わがままを黙って聞いてあげていたのです。

そうしたら奇跡が起きたのです。ある日老人は青年に向かって「おはよう」と話しかけてきました。それをきっかけに二人はよく会話を交わすようになり、青年はとうとうその富豪の経営するもっと大きなホテルの支配人に抜擢されたのです。

青年はそんな利益が得られると思って老人に親切にしたわけではありませんが、青年の献身的な態度がかたくなな老人の心を開かせたのでしょう。あるいは老人は自分の経営するホテルの支配人を探すために、わざと嫌われるような態度をとって、様子を見ていたのかもしれません。

人のために尽くせば、自分に返ってくる良い例です。

自分の利益ばかりを考えるのではなく、顧客の喜びや同僚たちの喜びを思って仕事をしてみてください。自分の利益ばかりを思っていなければ、目先のメリットがなくても苦にならないでしょう。しかし、それを続けていれば信用されるし、チャンスに恵まれるのです。

他人に尽くすのは良いことだと、誰でも口ではそう言うかも知れませんが、実際は他人を二の次にしています。しかし、いつも「お先へどうぞ」の気持ちを持っている人は、かえって良い目にあっているのです。

他人に尽くしていれば、自分の心は平和でストレスが少なくなります。それだけでも大きなメリットですが、そういう人のことは世間が放っておかないのです。

「我々の隣人の繁栄は我々の繁栄である」という有名な言葉がありますが、まったくそのとおりだと思います。

53

人を良いほうへ変える切り札とは?

教育担当者の集まりで、一人が半ばやけくそ気味に「いくら教育しても、しょせん人間は変われないんじゃないか」と言ったことがあります。

社員の教育担当をしていて、いくら繰り返し教えても、改善されない人がいる。それを見ていて絶望的になってしまったのでしょう。

では社員研修は無意味でしょうか。そんなことはありません。研修には中身によって、すぐに効果の表れるものと、なかなか表れないものがあるのです。たとえばコンピュータの使い方といった技術的なことは、個人差はあるものの、基本的にはすぐに覚えられるので、研修するほうもやりがいが出てきます。

一方、英会話のような研修は、なかなか効果が表れにくい。さらに人間のものの考え方や生き方、態度、物腰、話し方などは、変えようとしても、研修ではなかなか効果が表れません。

人間性の肝心な部分に触れると、相手も身構えるので、そう簡単には変えることができないのです。自身が心の底から「これではいけないな」と感じていれば話は別ですが、そうでもない限りは周囲がいくらヤイノヤイノ言っても、そう簡単に改められるものではありません。

自分から改めようと思っている人間に向けて行なう研修は、樹木が水分を吸い上げるようにどんどん吸収され、驚くような効果を上げます。しかし、自分は変わる必要はないと思っている人に対しては、どんな研修も馬の耳に念仏なのです。

では人は変えられないのか。私は「いくら教育してもだめ」という考え方がいけないと思います。なぜなら教育を放棄してしまっているからです。人を変えるには何が一番大切か。

それは「期待」です。

期待ということくらい、人を変える要素はない。「いくら教育してもだめ」という考え方が良くないのは、その期待をも放棄してしまうからです。「期待すること」がいかに効果的かということでは有名なホーソン実験というのがあります。

生産性を上げようと、工場の照明器具を変えたり、色々試してみて何が効果的だったかというと、それは働く人間と面接をし、期待をかけることだったのです。心から期待することは、人間を良いほうへと変える切り札といっても過言ではありません。

仕事への取り組み

54 皮一枚外側はすべて営業と心得る

こういう話があります。ある社長のオフィスに、損害保険のセールスマンがよく出入りをしていました。そのセールスマンは非常に明るく、話がうまく、礼儀正しく、また頭がいい。その社長はこのセールスマンを高く評価していました。

セールスマンにとってその人は、困ったときに多少無理な契約を頼める上客でもありました。そういう関係が数年間続いたある日のこと、その人は事務所からちょっと離れた、滅多に足を運ばない喫茶店の片隅で人を待っていました。

そのとき、ちょうど背中合わせの感じで隣席に座っている人の声に、聞き覚えがあることにその人は気づきました。その声はよく来る損保のセールスマンの声でした。

普通なら「やあ、こんなところで会うなんて」と挨拶を交わすところですが、その人は知らぬふりをして、隣席の話に聞き耳を立てました。なぜかというと、同僚らしい人間と一緒のセールスマンの言葉づかいが別人のように粗野だったからです。

「いや驚きましたね。あれだけ好青年に見えたのに、話し方も内容もあれではまるでヤクザ同然です。私のところで見せた態度はまったくの演技だったのですね。その後も別にそのことは話しませんが、はっきり言って正体を見た感じで、警戒してつきあってますよ」

その人はこう言いました。このように人は、いつどこで、誰から見られているかわかりません。ですから知人の目があるかないかに関わらず「自分の皮一枚外側は営業」の気持ちで臨むことが大切なのです。

先のセールスマンは油断をして本性を出したばかりに、有力な顧客を一人失いそうになっているわけですが、振る舞い方一つで逆に、自分の知らぬところで評判を高めたら、顧客獲得だってできるはずなのです。

営業マンのなかには、接客中は営業を意識し、一所懸命いい顔をして注文を取ろうとしますが、自分の会社に戻ってくると、同僚や自分の仕事を手伝ってくれる女性には、人が変わったように無愛想になったり高飛車に出たりする人がいます。

そういう人は先のセールスマンの例と同じで、「皮一枚」がわかっていない。内輪の人間だから、多少のわがままは……と思ってはいけないのです。社内であろうが、友達であろうが、人生は「常に営業なんだ」という気持ちを持ち、いつ誰に見られても良いだけの自分を作り上げることが大切だと思います。

55

少しも進歩しない人

何をするときでも、いつも「最上の仕事をしよう」と思って事に当たることです。「この程度でいいや」と思ってやったことは決して満足な出来栄えにはなりません。

たとえば「議事録を作るように」と指示します。決して手を抜いたわけではないのでしょうが、不満足なものができあがってきたとします。そこで上司が「ここときはこうしたほうがいいよ」と指摘します。ところが次回にまた同じようなものを出してくる。前に指摘したことが少しも生かされていない。

こういうことは、その仕事が自分のメインの仕事でないときによく起きます。つまり「僕はこんなことをするために会社にいるのではない。僕の仕事は営業なのであって、議事録作りなど余計な仕事なのだ」という気持ちがあるのです。

しかし仕事というものは、常にどんな種類の仕事でも、その仕事に応じたベストを目指す必要があるのです。

なぜなら「これでいいや」というときは、必ずまだ良くできる余地が残されていて、そのことに自身が気づいているからです。たとえば、自分が書いた字の綴りが「ちょっと怪しいな」と思ったとしても、時間に追われているときなど、つい「まあ、これでいいや」ということになりやすいものです。

字一つなら辞書を引けば簡単に確かめられます。間違っていたら直せるし、正しければ確認できて自信がつきます。どんな仕事にもベストを尽くすということは、自己をどんどん高めていくことにつながるのです。

「これでいいや」の多い人は、逆に少しも進歩しません。筋肉を鍛えるときに、楽々できることをしていては筋肉はつきません。きつい、苦しいところまでやってはじめて筋肉がつくといわれています。そして慣れてくると、そのきつさが快さに変わります。

ベストを尽くすのも、いつもそうしていると、つらいとか面倒くさいという気持ちが消えて、そうしなければ気が済まなくなってきます。何事にもベストを尽くしていれば、知らず知らずに自分の能力は高まっていきます。

ただしこれは、自分の姿勢について言っているので、他人に完全無欠を求める完全主義とは全く似て非なるものです。

56 若いときは目先のことを考えるな

まだ会社に入って数年も経たないのに、先輩と一緒になって、給料の不満などを口にする人がいます。そういう考えを若いうち、少なくとも二十代の間はあまり持って貰いたくないと私は思います。

今は自分の将来の基礎を作っているのだ、という気持ちで目先の損得に振り回されないで貰いたい。若いときはどんなことも勉強になります。そういう観点から仕事に取り組んでほしいものです。

私はNHKを辞めてから、社員三十人ほどの小さな印刷会社に住み込んで働いたとき、ずいぶん色々なことを勉強しました。社員に一人博打打ちみたいな人がいて、その人に小金を巻き上げられたりしましたが、それも後で考えれば、良い社会勉強になっています。

IMSという市場調査の会社にいたときも、私は並の給料しか貰っていないのに、残業代はゼロでした。しかし私はそのことを少しも不満には感じませんでした。なぜなら仕事を通じて私は、それまで知らなかったコンピュータのことや市場調査のこと、医薬品のことなどを勉強することができたからです。

こういう勉強はもし会社に勤めていないで習得したいと思ったら、専門学校や塾などにお金を払って教わりに行かなければならないことです。それを会社にいて給料を貰いながら実地に学べる。そういう見方をすれば、給料が安いとか、残業代が出ないなどと文句を言えたものではありません。

昭和前期の大不況の時代に、住み込み募集のビラを見た一人の少年が「給料はいらないから働かせてください」と工場に飛び込みました。少年は約束とおり無給で一カ月働き、最初の給料日が来ました。

雇い主は黙って少年に給料袋を差し出しました。中には他の者より多い金額が入っていました。少年が他の者より働いたからです。後に実業家として大成し、企業再建で辣腕を振るった大山梅雄さんの若き日の姿です。

これからの時代は能力主義が中心になります。給料も地位も自分で勝ち取るものです。それには実力をつけ、実績を上げなくてはなりません。目先の待遇や環境に文句を言っている暇はないのです。

57 常に三カ月先を見て仕事をする

あなたは毎日、どんな気持ちで仕事に取り組んでいますか。特に問題にしたいのは、その日暮らしをしていないかということです。

指示待ち族になって、上司から「これやって」と言われると、何でもきちんとこなす。しかし自分から探してはいないし、まして先のことなど考えていない。毎日が大過なく終わればいいと思っている人。

それから「ああ、早く給料日が来ないかな」「連休が来ないかな」など、プライベートなことで頭の中がいっぱいの人。そういう人は中高年であろうと、若かろうと、これからはリストラの対象になるかも知れません。

仕事というのは職種にもよりますが、今日したことが明日結果となって表れることは少ない。営業で言えば今月の売り上げは、過去三カ月間くらいの自分の働きの結果として表れているものです。

ですから今日することは、三カ月先、半年先に表れる。このことが意外に落とし穴になって、今日一日さぼっても、明日明後日に影響しない。そのツケが回ってくるのは数カ月先。どこかで追いつけばいいや、という気持ちで、ついつい弛んでしまうということがあります。

これが高じてくると、だんだん日にちが迫ってきて、今日一日無事に過ごせればいいという気持ちになってきます。こういうことになるのは、仕事を目先のこととしてしか拘えていないからです。

実は人生も同じなのです。今、自分がおかれた状態は、過去の発想と行動がそれを作り出したのです。今がもし不満足なものであるとしたら、過去の生き方が不十分だったのです。そして、そのことに気づいて今日の行動を改めなければ、より良い未来はやってきてくれません。

人間が実際に手を触れることのできるのは、過去でも未来でもなく、現在しかないのですから、今日という日は自分の未来を決定する重要な一日なのです。そういう気持ちで少なくとも数カ月先を見て仕事を進めてみてください。

それを三カ月続けることができたら、あなたの評価は劇的に変わり、あなたの運命も劇的に良いほうに変わってくるでしょう。人生はそんなに難しくはない。良いことをちょっと継続すれば、数カ月先にはちゃんとそのご褒美が貰えるのです。

58 仕事は即刻処理を旨とする

何でも物事を引き延ばそうとする人がいます。これは仕事を遂行していく上で最悪のクセといってよいでしょう。なぜなら引き延ばすことで、事態はどんどん悪くなっていくからです。

仕事というのは、一日早ければ一日儲かります。ですから今日できることを確実に今日片づけておけば、明日は別のことができます。もし、することがなければ、休養をとって英気を養ってもいいのです。

ところが今日できることを明日に延ばせば、明日するべきことが明後日になる。そうやってどんどん引き延ばしているうちに、まったくするのが不可能な仕事が出てきてしまいます。

仕事には自ずと適正なスピードというのがあります。そのスピードで処理していれば問題がない。車を運転する場合でも、一定のスピードで走行していないと、事故を起こしやすいし、また他の車にも迷惑をかけることになります。

これと同じで、仕事もゆっくりペースでいると、単に時間的な遅れだけでなく、質的な面での低下が起きてきます。この悪循環が続くと、クレームの山となり、誰かの応援を仰がなくてはならなくなってしまいます。

こういうことの繰り返しは会社にとって大きな損失になるだけでなく、その人自身の評価を下げ、結局一番損をするのは自分ということになってしまいます。

仕事というものは、いつも緊急事態と思って臨むのが良いと私は思います。つまり、しなければならないことが確定したら即座に始める。仮に明日にしても良いことでも、今日できるのなら今日やってしまいましょう。

なぜ私がこのことを強調するのかというと、そうすることが幸福な人生の扉を開くことになるからです。たとえば一所懸命に仕事をした後に飲むビール一杯のうまさを思い出してください。あの爽快感はその日を精一杯働いた結果得られるものです。

やれることをしないで明日に回すような仕事ぶりでは、喜びもいまひとつではないでしょうか。そういう人が深酒をして二日酔いで会社へ来て、ますます仕事を遅らせたり、ミスをしたりすることになるのです。おいしいお酒を飲むためにも、仕事は即刻処理を旨としましょう。

59
問題は小さいうちに手をつける

「始まりはすべて小さい」という格言があります。大河の流れが山奥の岩からしみ出た一滴の水から始まるように、どんな大問題も、その始まりは小さな小さな出来事から出発しています。

ですから、日常的な些細な問題を、甘く見たり手抜きをしたりしないで、きちんと片づけておくことが大切です。火はまだ小さいうちに消しておけば大事には至らない。そのためには気づいたときにすぐに実行することです。

そのときはちょっとつらいかも知れませんが、勇気をふるって対処すれば、その段階で問題を大きくしないで済みます。問題の芽が小さいうちに向き合って解決してしまうのが最良の方法なのです。

一番いけない態度は、嫌な問題から逃げることです。逃げていると問題と対峙しないで済むので楽ですが、火はだんだん大きくなってきますから、先へ行って手に負えないような大きな問題を背負い込むことになってしまいます。

では一番良いのはどんな態度なのでしょうか。それは即断即決の癖をつけることです。いま気がついたら、今すぐにやる。今できることなら、すかさず今やる。これが即断即決です。

即断即決の良いところは、先へ行って大きな問題になる芽を摘むことが一つありますが、もう一つはチャンスを逃さないことです。チャンスは得てしてやっかいな問題としてその姿を表すものです。すぐに実行することは、チャンスを逃さないことにつながるのです。

何よりも良いことは、即断即決すれば、次の問題が出てきます。それもすぐに片づければ、また出てくる。そうやって物事がどんどん前進していく。チャンスをつかめるのはこういうタイプで、問題が生じているのに躊躇したり、逃げたり、先延ばしする人は、逆にいつも大きな問題を抱えて苦しむことになります。

ドイツの哲学者ショーペンハウエルという人がこんなことを言っています。

「いかなる財産もちょっとしたチャンスに手に入れたものである」

ここでいう財産とは経済的なものだけではないでしょう。あらゆる良いもの、価値あるものという意味に理解すべきでしょう。それは小さな出来事をおろそかにしない結果、手に入れることができるのだと思います。

60

次へつなげる努力をする

何か一つ行動を起こしたら、その行動が決して無駄にならないように、次につなげる努力が大切です。

以前、私のところにゴルフ会員権を勧める電話がよくかかってきました。

「すばらしいゴルフ場の会員権が格安で手に入ります。お買いになりませんか？」

「もう持ってるからいりません」

「そうですか。失礼しました」

これだけの応対で電話を切ってしまう人が少なくありません。そして二度とかかってきません。私は商売柄「なんて淡泊なセールスなんだ、こんな調子じゃ売れないだろうな」とよく思いました。

私に名指しで電話をかけてくるからには、きっと私がゴルフ好きなことを、何かで調べて知っているに違いありません。だったら、私から何かきっかけになる情報をつかむとか、粘り強い営業努力をするべきだと思うのです。

人材派遣の仕事でもそれが言えます。たとえばクライアントから注文を貰って人を探して紹介したとします。ところが向こうはよそにも注文していて、そのよその会社のスタッフが採用されたとします。

そのとき「ああそうですか。では次回はよろしくお願いします」で引き下がってはいけないのです。もう一歩食い下がって「うちの紹介した人材のどこが悪かったのか、よその会社の人材はどこが良かったのかを、参考までに教えていただきたい」と言うのが、最低限の営業姿勢というものです。

そうすれば次へつながる。こういうクライアントにはどんな人材を紹介すればいいのかがわかるし、その会社の人もこちらのことを覚えていて、次にまた注文をしてくれるかも知れない。起こした行動が決して無駄にはなりません。

自分が行動を起こし、努力を重ねても、結果が必ずしも思うようになるとは限りません。そのとき「ああだめだったか」ではなく、今度は自分がしてきたことを、なんとかして無駄にしない努力をすることです。

そういう姿勢で臨む人が、あらゆる点で良い結果を得ることのできるタイプと言えます。「営業は断られたときから始まる」という言葉がありますが、この言葉の意味はそういうことだと思います。

61

準備と段取りを重んじる

シリコンバレーで成功した若い実業家のドキュメンタリー番組を見ていたら、家に帰ってから翌日の計画を綿密に立てて、それからベッドに潜り込んだのを見て、さすがによくわかっていると感心しました。

仕事の心構えでとても重要なのは予定ということです。朝、会社へ来てから「今日は何をしようかな」などというのは論外で、前の晩かその朝、自宅でその日のスケジュールをしっかりと立てておくのは当然のことです。

予定がなくて、あっちをブラブラ、こっちをブラブラするのは犬の散歩。犬も歩けば棒に当たるかも知れませんが、せっかくチャンスに恵まれても、そういう人は決して上手にものにすることができないでしょう。

職人さんの仕事ぶりを見ていると、段取りというものの大切さがよくわかります。たとえば大工さんであれば、明日の現場に合わせて道具を揃え、磨くものは磨く。準備と段取りを重んじます。

何かをなすためには、準備というものが欠かせない。ヨットで長い航海に出るとかエベレスト登山をする場合などは、何カ月、何年という準備期間を必要とします。身近なところでは、プロ野球選手も、四月からのシーズンに備えて、一月に自主トレ、二月はキャンプ、三月はオープン戦とスケジュールがびっしり詰まっています。プロといわれる人たちは、そうやって準備をしっかりして本番に臨んでいる。それだけのことをしているから、人々から賞賛されるような能力を発揮できるのです。準備できるのは予定が立っているからです。

予定を考えないと、準備もできない。これでは行動が非効率的になります。会社勤めをしていれば、電話をかけたり、相手を訪問したり、途中経過を確認したり、書類を作ったり、上司や先輩に相談や報告をしたりと、一日にしなければならないことはいっぱいあります。

その仕事を順序良くこなすと、一日で全部できるが、行き当たりばったりにやると、こなせないばかりか他の人に迷惑をかけることにもなりかねない。それではチームワークという点では非常にまずいわけです。またせっかく幸運が訪れても、それを取り逃がしてしまうことになります。

62

情報を大切にする

あるときふと見ると、仏壇のあたりを一匹の蟻がうろうろしていました。どうやら仏壇に供えてあった「もなか」の匂いに引かれてやってきたようでした。

その蟻を見ながら「蟻の情報収集力はすごいな」と感心しました。仏壇のもなかの匂いを、庭にいて感じられたに違いないからです。感度の悪い蟻ならわからないかも知れないかすかな匂いを、この蟻は敏感につかまえることができたのです。

もう一つ不思議に思ったのは、この蟻がどうやってなかにたどり着いたのか、ということです。窓はきっちり閉まっているし、蟻の入り込む隙はないはず。きっと家の回りを何度も何度も歩き回って、入り込める隙間でも見つけたのでしょう。

目的を達成するには情報感度を磨くことも大切だということを、改めて思い知らされました。それから、あきらめないで何度も挑戦してみること。この二つがそろえば仕事はきっとうまくいきます。

孫子の兵法には「彼を知り己を知れば百戦殆《あやう》からず」とあります。相手の情報があれば自ずと攻め方がわかってきます。敵の戦力や陣型などもわからずに、やみくもに突っかかっていくのが危険なことだというのは、素人でもわかりますよね。

仕事をスムーズに進めるためには、情報を集めることも非常に重要な要素であることはこのことからもわかります。仕事が暗礁に乗り上げたようなとき、対象に直接アタックする前に、一歩引いて情報を集めてみるのも一つの方法です。さまざまな角度から情報を集めてみると、どうすれば良いかがわかってくるものです。

現代は高度に進んだ情報社会で、情報の大切さは誰でも知っていると思います。しかし、自分の仕事にどれだけ情報を役立てていますか。仕事の完遂のために、意識的に情報をどれだけ集めた経験がありますか。こういうことも一度考え直してみたほうが良いのではないでしょうか。というのは情報の威力というのは決定的なものだからです。織田信長は今川義元との戦いのとき、情報戦で先行し勝利を収めたのです。それによって日本の歴史は大きく動いたのです。

世界的財閥のロスチャイルドがのし上がったのも一つの情報が元でした。ワーテルローの戦いでナポレオンが負けたという情報を誰よりも早くつかんで、投機に大成功したことがそのきっかけだったのです。もっと情報に敏感になり、得た情報を有効に使う術を勉強したいものです。

63

数字に強い人間になる

数字が苦手という人は少なくありません。しかし数字は、物事の変化や流れ、あるいは問題点を発見するためには、とても良い手がかりになるもので、数字に強くなることは一つ大きな能力を手に入れたのと同じです。

たとえばあなたは毎日の為替相場を見て「円高が進んだな」「ずいぶん円安になったな」と敏感に反応できますか。ＧＤＰを知っていますか。失業率が発表されたときその重みがわかりますか。

「いかなる真実も、人の口を伝われば必ず歪められてしまう」という言葉がありますが、このことを念頭に私たちは日々の情報を取り入れなければなりません。そのとき判断の拠り所になるのが数字なのです。

ただ、一つ気をつけなければいけないのは、数字を鵜呑みにしないことです。統計数字というものは一定の前提で作られ発表される。同じような統計数字でも、よその国と比較したとき、所与の条件が異なる場合が多いのです。

また、マスコミは大げさに表現することが多く、しかも視点はほとんどマイナス思考です。政府批判ということがその前提になっているのでしょう。そのことも勘定に入れて数字を見なければなりません。「失業率が史上最悪！」といっても、巷に失業者があふれているわけではありません。

世の中に史上最悪のことが起きたら、大騒ぎになるはずなのに、そんなことが起きないのは、その事実に間違いはないにしても、実態とはほど遠い表現になってしまっているということです。

たとえば誰もが毎日、個人の生存記録を書き換えていますが、それを「新記録！」などとはいいません。数字にはときどきこれと似たものがあるので、その辺をしっかりと見極める目を持つようにしてください。

数字に強くなるには、まず基本数字をしっかりと頭に入れることです。たとえば身長百八十センチが高いのか低いのか、体重八十キロが重いのか軽いのかは誰でもわかります。ですからある人の身長や体重を聞けば「ああそうか」と正確な判断ができます。

仕事に関する数字も、それと同じように、聞いただけで判断できるようになるためには、「売上原価」「粗利益率」など基本数字を知っておく必要があります。

64

自分の会社全体を売り込む

営業畑の人にはけっこう一匹狼が多く、そういう人はよく「営業は商品を売り込むのではない。自分自身を売り込むのだ」といった言い方をします。

このことは正しいのですが、しかし独立した場合はともかく、会社に所属している場合は、その自分を売り込むというなかに、自分の会社、あるいは自分の会社の人間を一緒に売り込むのが、その人のためにもなるやり方です。

たとえばクライアントと話をしているとき、自分のことばかりでなく、「うちの部長はこういう人なんです。今度連れてまいりますから、会ってみてください」とか「それはきっとうちの社長も同じ意見だと思いますね」などと、できるだけ会社の人間を引き合いに出すのです。

自分の会社の印象を良くするような内容を向こうに伝えることも大切です。「この人の会社はいい雰囲気なんだな」と思わせれば、そういう会社で働いているその人の評価も上がります。

逆に自分の会社のことや上司、同僚などのことで愚痴を言ったりすれば、その人の評価はむしろ下落するし、契約も取れないでしょう。案外気づかない点ですが、会社の名刺を持って仕事をするということは、会社と社員全員を背中にしょっているようなものなのです。

言ってみれば会社の代表としてそこにいる。そういう気概を持って仕事を進めるほうが、信用もつくし実績も上げやすいと思います。

会社を辞めて同じ業界で独立する人が、しばしば失敗するのは、会社にいたときの実績を自分の実績と思い違いをするからです。たしかに会社にいたときはナンバー1の実績を誇ったかも知れません。

しかしその実績には、それまで会社が築いてきた信用、ブランド力、そして中で働く大勢の社員の協力、そうした土台があってはじめて可能になった実績なのであって、それを自分一人の力と思ってしまったら、決してうまくいきません。

それに、せっかくある会社のイメージや他の社員の力を利用しない手はない。そういう発想に立つためには、日頃から社内で同僚や上司をはじめあらゆる人たちと融和を図り、会社のトップが何を考えているのかをよく知っておくことも大切でしょう。

65

管理という言葉は使わない

どこの会社にも管理部門があります。そして管理部門と現場との間にはとかく摩擦が生じやすいものです。

それもあってアデコキャリアスタッフでは、管理部門で「管理」という言葉を使わず「コーポレートサービスセンター」と称しています。

管理という言葉は使わない。管理という言葉を使うと、どうしても「現場を管理する」という意識が出てきます。

実際に管理をするのですが、なぜ管理するのかが主客転倒して、管理のための管理に陥りやすいのです。

管理という言葉を辞書で調べてみると、まず最初にあるのは「仕事や職務または施設などを管轄・運営し、また保守すること」ということです。通常、会社の管理部門はこの意味を体現していると考えられます。

しかし、管理という言葉にはもう一つ意味があって、それは「世話をして良い状態を保つこと」とあります。後のほうは「健康管理」というような場合の管理の意味なのですが、会社の管理部門はこちらの役割を果たすべきものです。

現場から出る不満は、現場は外でライバルと競争しながらがんばっているのに、管理の人は内部でのんびりしていて、しかもわれわれを色々な規則でしばりつける、といった類のものです。

そういう傾向はどこの管理部門にも見られます。これは「管理」という言葉が悪いのだと思います。管理部門のお客様は、実はその会社の社員たちなのです。現場で働く社員たちが、元気で潑らつと働けるようにするのが管理部門の役目です。「管理すると思ってはいけません。社員の人たちにサービスするのがあなたたちの役目ですよ」という意味で、コーポレートサービスセンターと名づけたのです。管理するという気持ちを持つと、どうしても役人的な発想を抱くようになります。

サービスすると思えば愛想も良くなるし、相手のことを考えて行動するようになってきます。むかしの職業安定所が今はハローワークになっていますが、呼称というものも時代とともに変えていく必要があると思います。

コミュニケーション上手になる

66 コミュニケーションの原点は挨拶

あなたの職場では挨拶がちゃんとできていますか。

会社で働くチームのコミュニケーションが大切であることは言うまでもありませんが、コミュニケーションがうまくいくかどうかの分かれ目は挨拶にあります。挨拶のちゃんとできる職場はコミュニケーションがうまくいっているはずです。

朝、ムスーッとした顔をして現れ、誰にも挨拶しない人が一人や二人はいるかも知れません。そういう人に対してどんな態度で接していますか。相手がそうだからこっちも同じ態度で……になっていませんか。

また、一度「おはよう」と言ったのに、知らん顔をされたからといって「もう二度と言わない」という態度をとっていませんか。挨拶ができないと、大げさに言えば人生そのものがうまくいかなくなります。

ですから相手がどうあれ、こっちはするべき挨拶をしたほうがいいのです。それは誰のためでもない。自分のためにです。一人そういう人が職場にいると、やがてみんながが挨拶をするようになります。

挨拶というのは、良い意味で伝染力があります。そして挨拶を交わすと、誰もが少しずつ気分が良くなります。それから挨拶で言葉を一言、二言交わすと、次の会話がスムーズに運ぶようになります。

気分が良くなって、会話のきっかけがつかめるのですから、コミュニケーションには最高の素材なのです。

職場での挨拶には次の四対の言葉が必須のものです。

「おはようございます」には「おはよう」もしくは「おはようございます」

「行ってまいります」には「行ってらっしゃい。がんばってください」

「ただいま」には「お帰りなさい。お疲れさまでした」

「お先に失礼します」には「お疲れさまでした」

職場の雰囲気が良くないと思ったら、挨拶がしっかりとできているかどうかを点検してみることです。そして、挨拶ができていないようなら、気がついた人から率先して挨拶を実行することです。

相手がしてくれないから……という考え方はこの際捨ててしまいましょう。挨拶をしなくて損をすることはありますが、挨拶して損することは絶対にありません。

67 「ごめんなさい」が言える人になる

最近は謝れない人が増えているように思います。若い人もそうですが、私がここで問題にしたいのは、むしろ年長者のほうです。

部下を持つ身といっても、ときには失敗や思い違いもある。そういうとき、若い部下に「ああ、私の勘違いだった、悪かった、謝るよ」と頭を下げられる人が少ないように感じるのです。

人の心をつかむ名人といわれた山本五十六元帥の有名な言葉に「やってみせ、言って聞かせて、させてみて、誉めてやらねば、人は動かじ」というものがあります。これは部下を持つ立場の人にとても参考になる言葉だと思います。

ポイントは誉めてやること。人を育てたりやる気にさせるには、誉めてやるのが一番だという説明のときによく引き合いに出されます。たしかに誉めるのは、効果的だとは思いますが、誉める材料の見当たらないときは困ります。

私は誉めることのほかに、この「謝る」というのを付け加えたらどうかと思うのです。謝ることだって誉めるに引けをとらない効果があるのではないか。

上の者が部下に謝ったのでは沽券にかかわると思う人がいるかも知れません。しかし、それは杞憂というものです。率直に謝ればむしろ尊敬され、親しみを感じてもらえます。それより謝るべきときに謝らないほうが良くない。相手は心を固く閉ざしてしまうからです。

日本人は昔から「すみません」「ごめんなさい」という言葉を色々な場面で使ってきました。外国人は「自分が悪くないのにスミマセンと言うのはおかしい」という言い方をしますが、私は日本流の美徳だという気がしています。

何かをしてもらったとき「すみません」と言うのは少しもおかしくありません。アメリカなどでは「簡単に謝るのは自分の非を認めることだ」と言って、なかなか謝らない。その風潮が高じてアメリカはひどい訴訟社会になってしまいました。

その弊害が大きいため、最近アメリカの裁判所は「先に謝っても、自分の非を認めたこととは見なさない」という方針を打ち出したといいます。

やはり人間は率直に謝ったほうが、人間関係がうまくいくということではないでしょうか。

68

どんなことも丸く伝える

人にものを伝えるとき、言葉の表現には注意したいものです。同じことを言うのでも言い方次第でまったく違った印象を与えるからです。

トゲトゲしい言い方をすれば、相手は感情的になって聞く耳を持たなくなってしまいます。相手にこうして欲しいと思うことをやって貰うには、相手の感情を傷つけてはいけないということです。

仮に理屈で勝っても、言うことを聞いてくれなければ、こちらの意図は実現しません。良い感情を持ってもらえれば、少々の無理もきいてくれます。

昔から北風と太陽の話がありますが、北風よりも暖かい太陽の光のほうが、人を説得したり、頼み事をするときははるかに得だと思います。

厳しく言わなければならないときも、できるだけ穏やかに、悪い点ばかりを際立たせて指摘するのではなく、良い点も認めていること、期待していることを伝えながら言うべきです。

私も若い頃は、物事をストレートに言うクセがあって、若い女子社員などからはけっこう反発されたことがありました。自分が未熟だったからですが、その経験からも人にものを言うときは、できるだけ角が立たないように言うことを心がけています。

人間関係の誤解や対立は、ちょっとした考え方の違いや思い込み、こだわりに原因があるものです。ですから対立するよりも、融和するなかで一致点を見つけるように努力すればいいのです。

とくに気をつけなければならないのは、相手にとって愉快ではない事柄を言わなければならないときです。人間は都合の悪い真実を指摘されたときは、間違いなくカチンと来るものです。

しかし、仕事の遂行上は苦言を呈さなければならないこともあります。そういうとき、自分の心の中で「丸く、丸く」あるいは「穏やかに、穏やかに」と言い聞かせながら言うと、本当にそういう言い方ができるものです。

言葉には力がありますから、角の立つ言い方、きつい言い方は相手だけでなく、自分の心にも嫌な感じを与えてしまいます。「おおらかな態度をとれば、他人を幸福にするだけでなく、自分にとっても幸福の源になる」とイギリスの哲学者ラッセル卿が言っていますが、これは本当だと思います。

69

まるでわかっていない人

　ある大企業の営業の青年が私に電話してきました。話の決着がつかず、向こうが「また連絡します」と言って電話を切ったきり、ずっと連絡がありませんでした。気になった私はこちらから電話を入れてみました。

「忙しくて忘れていました。すみません」

　忙しくて忘れたという言い方もずいぶんですが、でもまあこの辺まではよいとしましょう。きっと忙しかったのでしょうから……問題はその先でした。

　話の展開上、彼は私のところへ会いに来ることになっていました。ところが彼はこう言ったのです。

「出張その他で三、四日伺えそうもないんです。電話で済ませられませんか」

　相手に言わせたいけれど、自分から言ってはいけない言葉というのがあります。この場合で言えば「出張その他で三、四日伺えそうもない」まではいい。だが「電話で済ませられませんか」はいけません。

私が「だったら電話で済ませましょう」と言うのはいいけれど、向こうからそれを言ってはならない。この人の一連の会話は「まったくなっていない」としか言いようがないものなのです。

「忙しくて忘れた」も本当を言えば大きな問題です。たしかに人はときに約束を忘れることがあります。だが「人間は決して忘れるということはないのだ」とする考え方もあるのです。

では現実に忘れるのはなぜか。それは単純に「忘れた」ではなく、「忘れたい」か「どうでもいいと思っている」という意思の表明であるというのです。私に電話をしてきた青年は、要するにやる気がないのです。

そのことを彼の言葉づかいは如実に物語っています。だが、彼は私にそのように思われていることには、たぶん気づいていないのでしょう。自分ではけっこう丁寧に応対しているつもりのようでした。

最近は、このような「わかっていない」と思わざるを得ない人が増えているようです。どうわかっていないかというと、相手の立場と自分の立場をはっきりとつかんでいないのです。こういう点を意識しておかないと、自分ではちゃんとやっているつもりなのに、仕事の成果はさっぱりということになってしまいます。

70 表情、動作に気を配る

女性にも男性にも言えることですが、表情や動作というものに気を配ることも、非常に大切な点です。人がある人物を判断するとき、深くつきあうまでは、外見の印象に頼らざるを得ないからです。

その場合に言葉に次いで重要なポイントになるのが表情や動作なのです。人によっては言葉よりもこちらを重視するかも知れません。そこで主な表情や動作のポイントだけを挙げると、大切なのは次の四点です。

・口元を引き締める
・背筋をピンと伸ばす
・目を輝かせる
・キビキビした動作をする

半開きの口元、背中を丸めた姿勢、生気のない目、だらだらした動作、これらのうちの一つでも該当するものがあったら、まず他人に良い印象を与えることは難しいでしょう。特に口元の表情は左右対称十数種類の表情筋が動いて作られるそうです。

実際に鏡の前で色々やってみて、良い表情や動作のコツをつかんでおくと良いでしょう。私も人に少しでも良い印象を持ってもらおうと、かつて鏡の前でずいぶん表情を作る練習をしたものです。

何もそこまでと思う人もいることでしょうが、俳優さんなどはそういうトレーニングをいっぱい積んでいるのです。

私たちも仕事の面では立派なプロです。人に良い印象を与えるために、それくらいの努力はして当然だと思います。

演技派の俳優さんは色々な役をこなします。悪い人間を演じるときには、いかにも悪そうに見え、良い人間を演じるときはいかにも良い人間に見えます。同じ人間がそれだけ印象を変えられるというのも事実です。

誰もが人から一定の印象で見られています。それが良い場合は変える必要はありませんが、もしも良くない印象を与えるような表情や動作だと思ったら、今日からさっそく鏡の前でトレーニングを始めましょう。それによって人生が良いほうに変わる可能性はとても高いのですから……。

71 敬語の使い方を身につける

最近の若い人たちに欠けていることの一つが敬語の使い方です。敬語の使い方だけはしっかり身に付けて欲しいと思います。

特によくある間違いは、社内の人間のことを他人に言うときです。

「うちの課長さんに伺ってみます」

こういう言い方をする人がいますが、これは明らかに間違っています。「課長に確かめてみます」でなければなりません。

どういうときに、どういう敬語を使うかは、一定の法則があります。まず相手と自分の関係にあっては、年齢が上、役職が上の人には、こちらが尊敬語を使わなければならない。それから目下であれ役職が下であれ、社外の人を訪問したようなときは尊敬語が必要になります。

二人の関係でもどちらが優位性を持っているかで決まってきます。こちらがお願いしたり、頼み事をする場合、ものを売り込む場合は、どんな相手であっても、こちらが尊敬語を使う。しかし、この程度のことは皆さんも知っていると思います。

問題は二人の話の中に第三の人物が出てくる場合です。先の「課長さんに……」がそういうケースです。この場合は相手と引き合いに出す第三の人物を比べて、自分がどっちと近しいかで決まってきます。

尊敬語は人間関係の距離が遠い人に対して使うものです。同じ社内の人間はすべて社外の人間よりも自分に近いから、社外の人間に話すときには尊敬語は使いません。「うちの社長がおっしゃっていました」などと言わないのです。

私がよく経験するのは、会社の社長さん宛てに電話をしたときの応対です。「社長の○○さんをお願いします」「あいにく社長はいま席を外しております」。

こういう返事をするところが良くありますが、本当はこれも満点とは言えません。なぜなら「社長」という言葉自体が一種の尊敬語になっているからです。自分の会社の社長のことを外部の人に言うときは、「社長の○○は」と姓で言わなくてはならないのです。

今は敬語の怪しい人が多いので、しっかり使えるだけでも評価は高まります。なにも改まって勉強する必要はありません。本の一冊も買ってきて読めば、たいがいのことはわかります。要は人間関係の遠近関係を意識するということが大事なのです。

72 電話の大切さを認識する

たとえば社内で電話に出ているとき、別の電話がかかってきました。あいにく自分以外はその電話に出られない状況だったとします。

しかし、いま自分は別の電話で話をしている。こういうとき、どうしたらいいのでしょうか。一つ言えることは、新しくかかってきた電話の主をあまり待たせてはいけない、ということです。

そういうときは、いま出ている電話に「しばらくお待ちください」と言ってでも、コールしている電話に出るべきです。そして相手や用件がわかったら「改めておかけ直しいたします」で切ってもかまわない。その程度の会話なら、先に話していた電話の方にも失礼にはあたりません。

何十回もコールして誰も出なかったら、その電話の主は「この会社は今日は休みなのか」「人がいないのか」と思ってしまいます。時間帯にもよりますが、営業しているはずの時間帯に何度呼び出しても出ないのは、明らかにマイナスのイメージです。

電話というのは、いつ誰からかかってくるかわかりません。また、その電話一本が会社にとって、どれだけ重要なものであるかもわかりません。

ですから、基本的には同時に何本もの電話がコールされたとき、誰も出られないような状態を片時も作ってはいけないのです。

それから電話がかかっているとき、周囲の社員は、来客がそこにいらっしゃるのと同じ神経を使う必要があります。一人が電話口で話をしているときに、周囲で笑い声を立てたり、冗談を言ったり、あるいは大きな声でいさかいをしたりしていたら、電話の主には非常に悪い印象を与えてしまいます。

かけてきた人が、何か困った問題を抱えてかけてきたのに、電話口からゲラゲラ笑う声が聞こえたとしたら、とても嫌な感じがするでしょう。別に声を潜めてじっとしていろとは言いませんが、受話器を通じて会社の雰囲気が向こうに伝わっているのだという意識を、はっきりと持っておく必要があります。

また嫌な気分でいるとき、かかってきた電話を何気なしにとると、その気分がそのまま声になって出てしまいます。

電話は誰からかかってくるかわかりません。こちらがどんな気分であろうと、電話に出るときは明るくハキハキと応対することを肝に銘じておくべきだと思います。

73 会社への来客をどう迎えるか

よその会社へ行くと色々なことがわかります。事業内容によって差はあるものの、その会社が持っている体質や現状は、訪問して人と会い、社内をちょっと観察するだけで、見る目のある人なら相当の情報をつかんでしまいます。

それだけに会社へ来客があるときは、こちらもかなり神経を配る必要があります。家庭を訪問すれば、暮らしぶりから家族の性格、問題点までが見通せるのとまったく同じです。

来客への心がけでは、全員でお迎えするという気持ちが一番大切です。明るく温かく「よくいらっしゃいました」という気持ちで迎えるのが基本です。訪問者にとって一番気になるのは、まず直に接する社員の態度です。

にこやかに愛想よく丁寧に迎えてもらえればいいですが、仏頂面で来られたら、いけないところに来てしまったような感じを持ってしまいます。ですから、社内で何か面白くないことがあったとしても、外来訪問者を硬い表情のまま出迎えたり応対するのは論外です。

また、自分に関係のない訪問者であっても、廊下ですれ違ったり、エレベーターで一緒になったときは、軽く会釈して「よくいらっしゃいました」という態度を示すことが礼儀です。

よその会社の廊下を歩いていて、すれ違った数人の女性社員がまったく私を無視してペチャクチャ話をしていたとしたら、私はその会社の社員教育が行き届いていないことを悟るでしょう。

来客はだいたい応接室に通されますが、まれに社員が働いている部屋に通されることもあります。そういうときは一番観察されるときです。ですから社員同士の不用意な発言は慎まなければならないし、電話の言葉づかいも気をつけることです。

とにかく社外のお客様には、良い印象を持って帰ってもらうことが最大のテーマということになります。会社というのはイメージに左右されることが多いですし、悪い印象を持たれるとそれが口コミで広がるものです。

逆に良い印象も広がります。受付の感じが良かっただけで、廊下ですれ違った女性社員が黙礼をしただけで「あの会社はしっかりしている」と印象づけることだってできるのです。こういう小さな積み重ねが大きな信頼につながっていくのです。

ものの考え方

74

会社は金を貰える道場だ

会社というところは、次のように考えると、実に面白いところと言えます。

《授業料を払わずにお金を貰いながら、さらにより多くのお金を貰うための勉強をしているところ》

これからは終身雇用・年功序列の時代が終わり、自分の市場価値を自ら高めながら、多くの報酬を得る時代が始まったのです。そういう意味でも、せっかくの会社勤めを活かしてもらいたいと思います。

つまり会社とは、スキル的にも人間的にも成長するための、道場だと思えばいいのです。

仕事をしながらパソコンのスキルを身につけたり、ものを売る技術やマーケティングを学んだり、簿記・会計やファイナンスを理解したり、上司や部下や取引先の人間関係を実践心理学的に学んだり、まさにＯＪＴの人生道場、ビジネス道場なのです。

ここで学んだことを活かせる人が、さらにより多くの報酬を得られることになるのです。

そう考えると、仕事をさせられているという義務感より、もっと能動的な、前向きな行動になると思います。

最近の人の働く目的はどうでしょう。

内閣府が、平成十三年九月に調べた世論調査では、平成十一年の調査に比べて「お金を得るために働く」が約三四%から五〇%に増加、一方「生きがいを見つけるため」が約三五%から二十五%へ減少、「社会の一員として、務めを果たすため」が約一七%から一〇%、「自分の才能や能力を発揮するため」が約一一%→九%となっています。お金のために働く人が徐々に増えているようです。

だからこそ、せっかくの会社勤めを、より多くの報酬を得るための修業の場として大いに活用して貰いたいものです。そして自分の市場価値を高めて貰いたい。それが会社にとっても有り難いことで、両者が満足を得ることだと思うのです。

一所懸命働いても同じだから給料分だけ働けばいい、というような消極的な態度で臨む人は、さらに多くの報酬を得るチャンスはなくなるでしょう。そればかりか年功序列賃金、定期昇給、ベースアップ賃金時代が終わったこれからは、むしろ報酬が減少していくでしょう。

75 常に初心を忘れない

たとえば一つの仕事をスタートさせて、最初に成果が上がったときは、それがささやかなものであっても大感激するものです。

人材派遣の会社を始めたとき、最初の登録者（スタッフ）がかけてきた電話の応対が今でも忘れられません。受話器をとった者の周りで、固唾を呑んで見守っていて、OKだとわかったときには、思わず皆で拍手をしたものです。

慣れというのは恐ろしいもので、登録者が何人あろうが、クライアントが注文をしてこようが、段々と当たり前の気持ちが強くなってきます。それが高じると、万事が雑になり、扱いがおろそかになってきます。

「初心忘るべからず」（世阿弥『花鏡』）という戒めがあるように、最初の謙虚さや初々しい感性は、時間の経過とともに薄れていきます。ですから、ときどき「初心に帰る」という作業をしてみる必要があるのです。

プロ野球には「二年目のジンクス」があります。最初の年に大活躍した選手のほとんどが、翌年の成績は良くない。前年の成績を下回ります。これもやはり初心を忘れ努力を怠るために起きることです。

世阿弥が言った意味は「人の生涯は初心の積み重ねであり、何かの始まりで体験した心の状態をちゃんと記憶して忘れてはいけない」ということですが、昔の武士は同じことを「いつも初陣のつもりで戦場に臨め」と教えられていました。

作家の世界では「処女作がその人の一番優れた作品であることが多い」とよくいわれますが、これも第一作目で認められると、安心してしまうからかも知れません。それでは初心を忘れないためにはどうしたら良いでしょうか。それは過去の実績を忘れてしまうこと、それから緊張感を持続させることだと思います。

先月は先月、昨年は昨年、たまたまうまくいったが、同じことが今月、今年もできるかどうかはわかりません。なぜなら世の中はどんどん変化しています。ライバルも成長しています。過去の実績や経験だけに頼っていたらとんでもないことになるぞ、という気持ちを持つことです。

このような気持ちを持ち続けていれば、弛んだ気持ちにならないで済みます。なぜなら、最初のときは、強く初々しい緊張感で臨んだはずです。そのときの心の状態を持ち続けることが大切なのだと思います。

76
怠け心をねじ伏せる

人間は誰でも二つの天才的な才能を持っているといいます。言い訳することと、ぐずぐずすることです。

この二つがそろったら怠け者の天才ができあがります。実際、私たちは「できないことの言い訳」ならいくらでも言えます。それどころか怠け心の言い訳としてしか言葉を使わない人もいるくらいです。

ぐずぐずするのも人間は得意です。今しなければならないことを、先へ先へと延ばす。そういうとき「今でなくてもいい」という考えに支配されています。

いったい怠け心はどこから生まれてくるのでしょうか。それは目標がないこと、積極性がないこと、楽しくないことが大きな原因だと思います。

といって、目標も積極性も楽しさも、にわかに持ったり感じたりするのは難しいでしょう。ではどうしたら怠け心からさよならすることができるのでしょうか。

一つ効果的と思われることは、とにかく始めてみることです。今ここにしなければならないことがあるなら、「どんな準備が……」とか「できるだけ合理的に」などとあれこれ考えないで、すぐに着手してみることです。

着手すれば、それらのことは自ずと明らかになってきます。また、着手すると、そこから興味や面白さや楽しさも出てきます。

はたから見ていて、つまらなそうな仕事を熱心にやっている人というのは、決してうんざりしながらやっているわけではありません。どんな仕事も前向きに取り組んでいれば、そこには必ず面白味というものが湧いてくるものです。

「どうせこんな仕事、大して役にたつことではない」

そう思うところからは何も生まれないどころか、自分を必要以上に卑屈にするだけです。すべての仕事は、その必要があって、生じたものです。仕事の重さ、軽さを、天秤にかけることなく、率先してその仕事を遂行するところに、あなたの真価が問われます。

それから「今でなくていい、そのうちやる」と考える人もいますが、どんな場合も「人間がやれることは今しかない」と考えた方が賢明です。「今でなくていい」と思う人の「今」は永遠に訪れないでしょう。どうか死んだ後、墓石に「目標不達成其内居《そのうち》士」などと刻まれないようにしたいものです。

77 「人と同じでいい」と思わない

日本人は横並び意識が強いといわれます。他人と比較して、同じであると安心するのです。この考え方が困るのは、レベルの低い集団に属したとき、周りがそうだから「自分もそれでいい」と思ってしまうことです。

別に立身出世を求めたり、お金持ちになれという意味ではありませんが、少しでも優れた職業人になりたいという気持ちが大切だと思います。

向上心というものを持っていないと、どうしてもやることがいい加減、中途半端になってきます。それでは自分が成長することができません。

戦国武将の山中鹿之助という人が、月に向かって「我に艱難辛苦を与えたまえ」と祈った話は有名です。私も若いとき、この言い伝えを知って、同じような気持ちになったことを覚えています。

特に若いときは、苦労を与えてもらうことが、自分の成長につながることは間違いありません。何の苦労もなく、のんびりと過ごせるのは、うらやましいように見えますが、人間的な成長を遂げる機会を失ってしまいます。

また、つらいことにぶつかったときに、そこから逃げてしまう人がいます。しかし逃げていては決して良い結果は出ません。その場は良いかも知れませんが、後でより大きなつらいことが巡ってきます。

人と同じでいいという考え方には大きな落とし穴があります。なぜなら、世の多くの人は山中鹿之助のようには考えないからです。進んでつらいことを引き受けようとはせずに、できるだけ楽をしようとします。

人間がすべての欲望を満たすことができたら、最終的にどんな行動をとるかを探ろうとした実験があります。食べたいときに食べさせ、遊びたいときに遊ばせ、ちょっと仕事をしたいときには仕事をさせる。そうやって好き勝手にさせておいたら、最終的にとった行動は「ごろ寝」だったそうです。

毎日ごろ寝をしていても、何の不都合も生じない人はそれでもいいでしょうが、そういう身分の人は滅多にいません。仮にいたとしても、その人が幸せだとは限りません。むしろ不幸せな場合のほうが多いでしょう。

向上心を持ち続け達成したときの喜びを求めて、必死に努力することの中にこそ、真の人生があるのではないでしょうか?

78

信用を壊す要素

長年かかって築いた信用も、たった一言、たったひとつの行動で、すぐに壊れてしまうものです。ですから築いた信用は細心の注意をもって、絶対に壊さないようにしなければなりません。

壊さなければ、その信用が新しい信用を生んで、どんどん良い人脈も増えるし、情報も入ってきて、仕事はうまく運びます。では信用を壊さないためにはどうしたら良いか。それにはどうやって信用を築いてきたかを考えればいいのです。

松下幸之助さんは「約束は信用の上に花開く」と語っておられますが、人から信用を得るには何といっても約束を守ることです。どんな人とも基本的には約束を守ることで信用が築かれてきたはずです。

ですから「約束を守る」ということが、信用を壊さない最大の要素ということになります。考えようによっては人のつきあいは、すべて約束で成り立っているといって良いのかも知れません。

人は誰でも他人に対していっぱい約束をしています。

仮に十の約束があったとき、九つまで守っても最後のひとつを守れなかったために信用を落とすということもあります。信用を築き守るためには、小さな約束でも丹念に守っていくことが大切です。

信用を壊す要素としてもうひとつ忘れてならないのは言葉の問題です。「人の邪正は言にあらわる」（貝原益軒）といって、何気ない一言でも、その発言によって、それまでの信用を一挙に失ってしまうことがあります。

自分はそんなつもりで言ったわけではないのに、相手がすごく怒ったり見限られてしまって、出入り禁止にされるなどということがあります。そういうとき自分の心の中をよく点検してみてください。意識していないようで、必ず相手が怒るような材料、一挙に信用を失墜するような材料を持っていて、それを無意識にも相手に表明してしまっているものなのです。

口は災いのもととは、そういうケースが一番よく当てはまります。信用は何よりの財産です。信用を築き保つのは容易ではありません。ですから信用は「築いた」と思わないことが一番です。いつも「いま築きつつある」という緊張感を持って臨むこと、それが信用を失わない最良の策だと思います。

79

仕事は良くできて当たり前

よくこんな不満を漏らす人がいます。

「これだけ仕事をやっているのに、会社は少しも評価してくれない」

厳しいことを言うようですが、仕事というのは良くできて当たり前なのです。特別良い評価を得ようと思ったら、相当すごい実績でも上げないと、なかなか認めてもらえません。

では評価されていないかというと、そうではありません。会社でも上司でもちゃんと評価はしている。しかし「当たり前だ」と思っているから、新人は別にして、ことさら「良くやったね」とは言わないのです。

しかし、仕事がうまくいかないときは、色々言われます。これも仕方のないことです。良くできて当たり前、悪くいくと目立って叱られる、これが会社の現実というものです。

何か割が合わないように感じる人がいるかも知れませんが、そう思うのは間違いです。たとえば、九時出勤の会社に遅刻しないで来ることは当たり前です。当たり前のことを何回しても誰も誉めてくれません。

しかし、遅刻を三日続けたら「ちゃんと遅れずに出てくるように」と言われるでしょう。仕事も基本的にはこの延長線上にあると考えてよいでしょう。

ただ仕事の場合は、一所懸命にやって生じたミスは、ちゃんとそのように一定の評価はされます。

一番困るのは「努力しているが成果が出ない」という場合です。なかには「努力だけは認めてください」と言う人がいます。だが、この言葉は努力した側が言ってはいけない言葉だと思います。

評価する側が「成果は上がっていないが、まあ努力だけは認めよう」と言うのはいいでしょう。実際にそういうこともたくさんあります。しかし、それを努力する側が要求し、しかも認められないからと不満に思うというのは、大きな間違いなのです。

最近は、この種の間違いをする人が増えてきました。努力しても成果の上がらない人は、「努力を認めて」と言う前に、努力の仕方が間違っていないか、努力の量が足りないのか、自己点検してみる必要があります。

80 役割を認識する

営業成績が伸びない営業マンと話をしたときのことです。

話を聞いてみると、営業職として最も大事なオーダー獲得のためには一日の就業時間の三分の一しか割いていないことがわかりました。

他の時間は何をしているのかというと、三分の一は事前の打ち合わせ、残り三分の一は社内での色々なこと。営業に振り向ける時間が少ないのですから、成績が上がるはずがありません。

それで営業に費やす以外の時間を最小限に止め、書類整理などは夜やるように指示しました。

営業できる時間は営業に割くということです。本人は別にさぼっているなどという意識はないのですが、時間の使い方が悪いのです。

自分は会社でどんな役割を課せられ、何を求められているのかを考え、そのことに最大のエネルギーを注ぐ必要があります。

それを勘違いして、雑事でも会社の仕事をやっていればいいという考え方に陥ってしまっていたのです。

「営業は営業成績を上げることが仕事だ」などと言うと、「そんなことはわかっていますよ」という声が聞こえてきそうです。しかし、そのわかりきっていることを実行していないことがよくあるのです。

こういうことが起きるのは、その人がだんだん仕事に慣れてきて、謙虚さが失われたときです。半面、会社になじんだということでもあるのですが、謙虚さが失われると、どうしても結果が悪くなってきます。

「わかっている」というだけでは何の価値もないのです。わかっていてやらないのは、知らないでやらないよりももっと質が良くないことです。

常に謙虚さを持って、自分の会社における存在価値を点検し、求められる役割を果たしているかを確かめてください。

自分に対して謙虚な気持ちを持つことは、いつも自分が原点に返るメリットがあります。原点に返ることの大切さは、次の言葉からも明白だと思います。

「稽古とは、一から習い、十を知り、十より返る、もとのその一」（利休）

81
順調なときに失敗の芽は育つ

物事が順調に運んでいるとき、得てして慢心して傲慢になったり、安心して油断ができるものです。

昔から「逆境のときに成功のチャンスが生まれ、順調なときに失敗の芽が育つ」といわれるのは、このことを指しています。

私自身がそういう経験をしています。

人材派遣会社をスタートさせたとき、折からのバブル景気もあって、順調過ぎるほどの滑り出しでした。

しかし、その五、六年後にバブルが弾けると、売り上げが大幅に落ち込むようになったのです。そのときは売り上げ減に沿った規模の縮小を図り、人員でも辞めていった人の補充を控えるなどして、利益を落とさないようにしました。

苦しい時期をなんとか乗り切ると、今度はやや景気が上向きの状態になり、人材派遣業界には再び活況が戻ってきたのです。そのとき私はとんだミスを犯してしまったのでした。

それは景気回復のタイミングを読み違えて積極投資を怠ったことです。これは今考えても「失敗だったな」と思いますが、それまであまりに順調に来過ぎて、私にも油断があったのだと思います。

このように、いくら気をつけていても油断は必ず起きてしまいます。まったく油断しないで過ごせる人など、おそらく一人もいないでしょう。

ですから「油断や隙はいくら気をつけても生じるものだ」と覚悟をしておいたほうが良いと思います。

同時に油断や隙ができるのはどういうときか、知っておいたほうが良いでしょう。

それは冒頭に述べたように順調にいっているときなのです。

人間はいつまでも緊張感を保つことは難しいものです。戦上手で知られた戦国の武将武田信玄が「六分七分の勝ちで十分だ」と言ったのは、勝ち過ぎの油断の恐さを知っていたからでしょう。

果たして、その武田家を滅ぼした信長は、天下をほぼ手中にしたところで、明智光秀に追いつめられて自害しました。本能寺にわずかの手勢だけで宿泊していたことは、戦国の世の武将としては大きな油断だったと思います。

82

忙しいと言わずに忙しくする

忙しいという字は、心を亡くすと書きます。忙しさに負けて心を亡くしてはいけません。そこで「忙しさ」というものを考えてみることにしましょう。まず最初に言えることは、本当に忙しい人は、時間を多く持っているということです。

つまりたくさんの仕事を効率的にこなしている。ですから忙しいですが、傍目にはそんなに忙しく見えないのです。また「忙しい、忙しい」とはあまり言わない。逆に「忙しい、忙しい」と口に出して言っている人は、時間をあまり持っていません。だから本当に目も回る忙しさの中にありますが、決して仕事量は多くない。非効率的な動きをするから、いつも時間が足りないのです。ここから忙しさへの対処法が見えてきます。

「忙しい」という言葉を使うのではなく、実際に効率的な行動をすることです。

人にものを頼む場合は「忙しい人に頼め」といいます。ここでいう忙しいとは、見かけの忙しさでなく、真実の多忙ということですが、そういう人は仕事ができる人だからです。

仕事というのは、できる人のところに集中するものです。ですからその人は忙しくなる。でも、そこから創意工夫が生まれ、ちゃんと質の良い仕事をする方法を見つけてしまいます。

暇な人は人からあまり評価されていないから暇なのです。間違って暇な人に仕事を頼むと、かえって遅れたり質の悪い仕事が上がってきたりします。見誤ってはいけないのは、仕事が中途半端な人、暇な人が忙しく見えることです。

忙しさは口にするのではなく、行動として表すものです。常にびっしりと行動スケジュールの詰まった日常を送っていると、どうしても効率的に動かなければならなくなります。そうすると一つの仕事をこなすスピードも速くなるし、また優先順位ということも考えるようになります。

そんなにやることのない人は、スケジュールなどあまり作りませんから、二つか三つしなければならないことが出現しただけでバタバタする。また優先順位もあまり考えないで取り組む。傍目に忙しく見える人は大体こういう人なのです。

83

遅すぎるということはない

ずいぶん昔のことですが、東邦薬品という大手の医薬品の卸会社を経営していた社長さんの話です。その人は初めて海外旅行をしたとき、自分に英語力がないことで、現地で苦労もし、楽しみも十分に味わえませんでした。

それで帰国すると一念発起、英会話の勉強を始めたのです。これだけなら何の変哲もない話ですが、その社長さんはすでに六十歳を過ぎていたのです。まさに六十の手習いですが、驚いたことに短期間でマスターしてしまい、立派な英語がしゃべれるようになったのです。

さらに驚くのは、「英語はマスターできた。次はドイツ語だ」と言って、今度はドイツ語に挑戦して、これもマスターしてしまったことです。私はその人を見ていて、「どんな場合でも遅すぎるということはないんだな」とつくづく思いました。

もう一つ、医薬品業界の五指に入るエーザイの創業経営者だった内藤豊次氏は、ずっとサラリーマンをしていて、定年退職を迎えました。普通でしたら、ここからは悠々自適の生活に入りますが、内藤氏はそれから新しい会社を興して、なんと一代で業界のトップクラスの企業にまで大きくしたのです。

どちらのケースも、もし自分のこれからの計画を他人に「どう思うか」と相談したら、「やめておけ」とは言われないまでも、目的を完遂するとは夢にも思われないでしょう。まったく英語のしゃべれない老人が英語ペラペラになるなんて、私もこの人を知るまではとても信じられませんでした。

遅いか遅くないかを、私たちは年齢や常識的な尺度で計って判断します。しかし、それは大きな間違いのようです。『子午線の夢』という映画にもなった伊能忠敬は、当時の隠居年齢になってから「やれやれ、これで好きなことができる」と天文暦学や測量学を学び、それから測量の旅に出て偉業を成し遂げました。

聖者と崇められたシュバイツァー博士も、医学の勉強を始めたのは三十代からで、医師になったときは四十歳近くになっていました。それからアフリカへ赴いて、あれだけのことを為したのです。

何をするのも、決して遅すぎることはない。そう思って「こうしたい」と思うことがあったら果敢に取り組むことです。

84

つらい状態ではこう考えればいい

私はこれまで前向き、積極性、プラス思考を勧めてきましたが、ひどい状況の真っ只中にあるとき、なかなかそういう考え方がしにくいことも知っています。

たとえば仕事がうまくいっていないとき、「自分の仕事はうまくいっている」と考えるのには無理があります。上司からきつく叱られたら、誰だってそのときは落ち込んでしまいます。

成績が良くない子を持ったお母さんが、「この子はできるのよ」とは思えないでしょう。けれども人間はマイナスの気持ちを抱き続けているのは良くありません。どんな場合でも前向きで明るく希望の持てる心理状態を保つ必要があります。

では仕事もうまくいかないし、人間関係もぎくしゃくしているようなとき、どうやって前向きで明るいプラス思考ができるでしょうか。ここで私がお勧めしたい秘策があります。それは「今はだめだが、良くなりつつある」と考えるのです。

ポイントは「……つつある」にあります。たとえば、いま仕事の業績が上がらない

し先の見通しも立たないとします。そういうとき、

「今はだめだが、だんだん良くなりつつある」

と思うことは、決して自分を偽ることにはならないと思うのです。

お金に困っているのに「私は裕福だ」とは思えません。それは自己を偽ることだから、いくらそう思っても心の奥底ではそれを認めない。そういう状態では本当のプラス思考とは言えないのです。

しかし「自分がやがて金持ちになる」という気持ちを、一歩進めて「自分は金持ちになりつつある」と思うのは、ぎりぎりで許容範囲に入るのではないでしょうか。それも難しいようだったら、お金持ちになるような行動を一つ始めればいい。そうすれば、それは本当のことになります。

そういう作業が必要なのは、理性と感情を一致させるためです。人間は理性と感情によって動きますが、この二つはしばしば反発し合い、当人の思考と行動の邪魔をします。プラス思考が大切といわれながらなかなかできないのは、こういうことがあるからです。そこへ「私は……つつある」を持ってくると、問題はすっきり解決してしまいます。ただしマイナス思考でこれを使わないでください。

85 幸運に巡り合う五つの秘訣

私の人生は本当に幸運に恵まれたと思っていますが、これまで本書をお読みになった方は、私が幸運を呼び込むために特別なことは何もしていないことに気がつかれたと思います。

しかし、やはり「こうしたほうがいい」と思うことはあります。私がこれまで本書で述べてきたことは、すべてがそう思うようなことです。今ここでそれを大ざっぱにまとめてみましょう。

幸運と不運は入れ違いにやってきますが、できるなら幸運が長く、不運の状態は短くありたいものです。そのためには、不運のときの過ごし方にポイントがあると思います。

不運に見舞われると、落ち込んでますます不運を呼ぶような考え方や行動をしてしまいがちです。そうならないためには、次の五項目をいつも念頭において生きることをお勧めします。これを実行すれば不運は短く、幸運は長続きすると思います。

1、何でも良いほうへ考える――自分の身に起きることは、良いか悪いか二通りに考えられますが、たとえば試験に落ちた、リストラされたというときでも、そのことが「将来の自分にプラスになるのだ」と思うことです。

2、良いと思ったことは続ける――せっかく人生にプラスになることを始めても、すぐにやめてしまっては効果が出ません。良いことは飽きずに続けることです。「これは絶対にやり続けなければならないことなのだ」と言い聞かせ、習慣にしてしまうことです。

3、人に倍する努力を怠らない――生きていればしなければならないことが必ず目の前にあります。それを誠実に人の何倍もやり続けることが大切です。

4、自分は運が良いと思う――私がずっと実行してきたことです。そのコツは自分が思うだけでなく、口に出すことです。他人にもそれをはっきりと告げましょう。きっとチャンスに恵まれます。

5、すべてに感謝の気持ちを持つ――たとえ人から悪口を言われても、天の声と思って感謝しましょう。実際、自分の悪口を言ったり、マイナスの行為をした人が、結果的に自分の幸運のきっかけになることは多いものです。

エピローグ●運で流れを変えた私

●逆境もめげなければ跳躍のバネ

私の人生のスタートは、超低空飛行でした。私が四歳のとき、病気がちだった父が、転地療養先の静岡で三十九歳の若さで他界しました。終戦を一年後にひかえた昭和十九年夏のことでした。

終戦の年の秋、母は三人の子どもを連れて上京、女手一つで私たちを育ててくれましたが、私が十三歳のとき、今度はその母がガンになり、四十三歳の若さで他界してしまったのです。

このため五歳年上の姉が働きに出て生計を助け、結婚すると嫁ぎ先に私と妹を引き取ってくれました。義兄も良い人で私と妹の親代わりになってくれ、私は高校へ通わせて貰いました。

高校（都立立川高校）に通っていたころ、私の住んでいたところは、国鉄三鷹駅から歩いて三十分くらいかかるところで、みんな駅までバスで通っていましたが、私はバス代がもったいなくて毎日駅まで歩き、三鷹駅から電車で立川まで通学していました。

この時代に忘れられない思い出があります。

バスケット部に所属していた私は、練習でへとへとになって三鷹駅にたどり着く。そこから家まで歩いて帰る途中に一軒の今川焼き屋がありました。店の前を通り過ぎるとき、独特のいい匂いが漂ってきます。

育ち盛りの上、スポーツをした後ですから、お腹はペコペコです。今川焼きが食べたくて食べたくて仕方がない。でも買うお金がないのです。

「よし、そのうちお金ができたら、今川焼きを腹いっぱい食ってやるぞ」

何度、そう思って店の前を通り過ぎたかわかりません。

そんな状態だったので、とても大学進学は難しく、高校卒業と同時に就職、働きながら夜学の大学に通いました。

このように私の人生は普通の人に比べたら、逆境といって良いものでした。

しかし、いま思うことは、逆境にもめげないで前向きに生きていけば、自分を成長させるだけでなく、むしろ幸運をもたらす。逆境が跳躍台の役割を果たしてくれるのです。私はまさにそのような人生を歩んできました。

●ＮＨＫを飛び出す

私は高校を卒業すると同時に就職しました。就職先は日本放送協会（ＮＨＫ）でした。当時、ＮＨＫといえば人からうらやましがられる職場の一つでした。大会社や官庁と同じで、ひとたび入ってしまえば、よほどのことがない限り一生安泰に過ごせる職場だからです。

だが私は入ってすぐ「絶対にここを辞めるぞ！」と固く決心したのです。私のように高卒の学歴で入った者は、東大だの早稲田だのというエリート連中がゴロゴロいる職場で、自分を生かすチャンスなどないように思えたからです。

五年後に私は夜学で通った大学を卒業、すぐに辞表を出しました。予想できたことですが、私が辞表を出したとき、周囲から驚きあきれられ、そして強く引き留められました。それは有り難いことでもありました。

しかし、私は自分の決めたことを撤回する気はさらさらなく、むしろサバサバした気持ちでＮＨＫに別れを告げたのです。

別に次のアテがあったわけではありません。それどころか、まったく先の見通しは立っていませんでした。ＮＨＫは大樹でしたが、私は自分の力で人生を生きてみたかったのです。

自分の力は未知数でしたが、まだ若いのだから何をやっても、それが勉強だと思えばいい。失敗したってやり直しはできる。たとえ死ぬときはホームレスになっていても良い。若いうちは、あまり目先のことにこだわるべきでないと思っていました。

●「食べられる」だけでは

こうして私は自分の心の中ではけっこう格好良くＮＨＫを辞めたわけですが、その時点では無職になってしまいました。二十三歳でした。この先、どうしようかと思っているとき、義兄が私にひとつのチャンスを与えてくれました。

当時、大手の印刷会社の管理職だった義兄は、系列の小さな印刷会社の社長として出向を命じられたのです。社員三十人ほどの印刷会社で、共産党のオルグのような人が入っていて、ストライキに明け暮れていました。

義兄の役目は「つぶすか存続させるか、よく見てこい」ということのようでした。何もやることがない私は「これも何かの勉強になるかも知れない」と思い、事務兼運転手兼営業兼作業進行係と一人で何役も引き受け、その印刷会社の工場の四畳半に住み込んで義兄の手伝いを始めたのです。しかし私は人生を楽しんでいました。負け惜しみでなく本当にそうだったのです。

中に入ってみると色々なことがわかってきました。社員たちの多くは、栃木県の古河や小山の農家出身の純朴な人たちで、本当はみんなまじめに働きたがっていました。

しかし、共産党のオルグのような人に牛耳られていて、この人が「ストライキだ」と言うと、みんな仕方なく従うような状態でした。半年かけて様子を見た結果「これでは仕事にならない。つぶす以外にない」との結論が出て、結局その会社は解散、私はまたやることがなくなってしまいました。

そこで次にやったのが業務用の煮干しを卸す仕事。ある人が、築地の乾物関係を扱っている仲買人を紹介してくれました。その仲買人から「給料は一銭も払わないけれど、店を手伝ってくれれば築地市場で競り落とした煮干しを卸原価で分けてやる」と言われて始めたのです。

朝六時から昼十一時くらいまで彼の店の手伝いをし、午後からは革の長靴にジーパン、革ジャンという格好で、自営業者として小さなトラックに煮干しの箱を積んで、都内を走り回って、乾物店やラーメン屋に売って歩きました。

この仕事でなんとか食べることはできましたが、一方で「長くやる仕事ではないなァ」という気持ちも頭の片隅にいつもありました。

そんな気持ちでいたせいでしょうか、まもなく私は交通事故に遭ってしまったのです。

●初めて幸運の女神が微笑んだ

幸いケガは大したことはなかったのですが、十日ほど病院で寝ているとき、神様から「おまえは何か別のことをやりなさいよ」と言われているような気がしてきて、煮干しの卸の仕事も半年で辞めてしまいました。

この私の境遇変化を、前の職場の人や三多摩一の進学校だった立川高校の友人たちが知ったら、「だから言わんこっちゃない。おとなしくNHKにいれば良かったのに」と言われたに違いありません。でも私は少しも気にならなかった。それどころか「さて、次は何をするか」と勇気りんりんでした。

時代はちょうど東京オリンピック（昭和三十九年）が終わったころで、日本経済は高度成長期の真っ只中にあり、輸出産業が大きく飛躍していました。そういう世の中の動きを見て、私の脳裏に浮かんだのは、

「これからは国際化の時代だから、自分は英語を使って外国と仕事ができるような人間になりたい」。

しかし、今さら貿易商社の伊藤忠商事や三井物産へ行っても、誰も相手にしてくれそうにない。「どうしたらいいのかな」と思いながら新聞の求人欄を眺めていたら、

日本橋にある小さな貿易会社が人員を募集しているのが目に留まりました。

早速出かけていって面接を受けると、運良く採用して貰えたので、私は英語と貿易実務を勉強するつもりで働きはじめたのです。

ところが、私がやらされた仕事は国内向けの営業で、装飾品のルートセールス。英語も貿易実務も関係ない。まったくアテが外れてしまいました。「まいったな」と悩んでいると、思いがけないチャンスがめぐってきたのです。お客として店に出入りしていた年配のご婦人が、私の悩みを聞いてこう言ってくれたのです。

「私の主人はアメリカ人なのよ。その主人の友達がなんでも日本で会社をたちあげるらしく、日本人の若い男性を探しているの。あなたに向いているかも知れないから、紹介してあげてもいいわ」

今から考えると、この言葉は、これまでずっと低空飛行を続けてきた私にとって、初めて幸運の女神が微笑んでくれた瞬間だといってよいでしょう。

このご婦人は山本五十六元帥の娘さんで、そのご主人は米海軍の将軍ミスター・シャープ。日本海軍の元師の娘が米海軍の将軍と結婚するというので大騒ぎになったそうです。それも遠い昔の話。ミスター・シャープは日本の造船業の復活に大いに貢献のあった方だったと聞いています。この方がある会社を紹介してくれたのです。

●「三年間は絶対に辞めるな！」

その会社の名はＩＭＳ（Intercontinental Medical Statistics）といって、医薬品の市場調査をする会社でした。面接に現れたのは、イギリス人の三十一歳になるハンデル・エバンスという青年社長。ところが私は英話がまったく話せませんでした。

それで通訳つきの面接になりました。

「あなたはなぜＮＨＫを辞めたのですか？　ちょっと軽率だったのでは？」

こう聞かれた私は次のように答えました。

「たしかにもったいなかったかも知れません。でも、私にとってぬるま湯のような職場にいたら、自分がだめになってしまうような気がしたのです。もっと自分を厳しく鍛えて一人前の人間にしてくれる場所を、私は探しているのです」

そうしたらエバンス社長はにっこり笑って「よし気に入った。では私が鍛えてやるからうちへ来なさい」とその場で即決採用してくれました。

ただ、私はＮＨＫを辞めて以来、二年足らずの間に三つも仕事を変えている。しかも、そこには何の脈絡もない。行き当たりばったりもいいところです。

そんな私の経歴を見て「腰の落ち着かない性格かも知れない。こんな男を入れて大丈夫かな」という思いが一方にあったのでしょうか、社長は「どんなことがあっても三年間は絶対に辞めるな」と言い、私は「辞めない」ことを固く約束しました。

こうして私は、ミスター・シャープの紹介とエバンス社長の英断のおかげで、外資系会社に職を得ることができたのですが、入ったタイミングも非常に良かったと思います。というのは、この会社が最初に聞いたとおり、まだ創業準備段階にあったことです。

調査データのコーディングスタッフとして、女性百人くらいが採用されていましたが、男性は社長以下幹部を含めたった七人しかいない。その七人のうち、いわゆる平社員は私を含めて三人。うち二人は印刷機械の職人さんで、事務系の若い男性はなんと私一人だったのです。

会社の業務はコンピュータを使って医薬品の市場統計を作る仕事でした。コンピュータのことはまったく無知でしたが、人に聞きながらなんとか短期間で市場調査のこと、統計のこと、医薬品のこと、データ処理のことなどを覚えました。

それと統計作業を担当する百人の女性のコントロール。どれもこれも私にとっては未知のことであり、しかもする仕事は山ほどあるので、土曜も日曜もなく、毎日深夜まで仕事をして帰宅、ちょっと寝てまた朝には会社へ行くという生活でした。

●私でも英語が話せるようになった

また、前にも書きましたが、私は英語を話せなかったので「絶対に覚えなければだめだ」と思い、入社してすぐに会社の近くにある英会話の学校へ通いはじめました。月水金の週三回、夜六時半から九時までですが、時間になったら仕事を一時中断して学校へ行き、終わったら会社へ戻ってきて仕事をしていました。こんなハードなスケジュールでしたが、一年間英会話学校を一度も休まずに通えました。

本当にラッキーだったと思うことは、短期間で英語を習得するチャンスに恵まれたことでした。上司にボブ・イエンというシンガポール出身の中国人がいて、彼は英語はもちろんのこと日本語も達者な人で、仕事の場では全部日本語でやっていました。

その彼に「二人だけで仕事の話をするときには、英語でやってくれないか」と頼んだのです。英会話学校で、ある程度話せるようになっていたので、彼も「いいよ」と快く承諾してくれました。

それからは彼のオフィスに入り込んで二人だけで話をするときには英語でやりました。もちろんこちらはまだ未熟もいいところですから、大汗をかきながら懸命に英語でしゃべろうとするのですが、うまく言葉が出てきません。

すると彼が「こういうことかな?」と助け船を出す。英会話学校プラス彼との会話を一年間ほど続け、私の語学も少しはましなものになったのです。

私の幸運はまだまだ続きます。仕事にも英会話にも少し自信がつきかけたとき、タイミング良く、会社がマニラでも同じ事業を展開することになり、私が現地へ派遣されることになったのです。

「お前は仕事を一通りこなした。英語もそれだけできれば大丈夫だろう。現地の人たちにこの仕事のやり方を教えてこい」

私は半年間向こうにいて、毎日朝から晩まで英語でフィリピンの人たちに仕事のやり方を教えました。日本語をしゃべらない世界で半年過ごしたことで、私の語学力はめきめき上達しました。

そして任務を終えて帰国して半年たったら、今度は「同じことをバンコクでやるからまた行ってこい」と言われたのです。今度はバンコクに半年間滞在、日本へ戻ってきたときは「僕も相当英語ができるようになった。英語だけでも飯は食える」と思えるほど自信がついていきました。

●給料で文句は言わない

バンコクから帰ってくると、エバンス社長は私を制作部長に抜擢してくれました。入社して三年、まだ二十八歳。つい数年前まで煮干しの卸販売をやり、装飾品のルートセールスをしていた若者にしては上出来の部類に入るのではないでしょうか。

でもそれもこれも、これまで述べてきたように、私がひたすら運に恵まれていた結果なのです。ここで一つ、今まで触れないできたことを述べておきましょう。それは給料についてです。

人が働く動機の大きな部分を占めているのは、サラリーマンの場合は言うまでもなく給料です。いくら仕事が楽しくても、給料が論外なら誰も働かない。かといって、給料が高いだけでも人は働くとは限りません。この辺は人それぞれの価値観があって、一概には言えませんが、幸運に巡り合うという意味でとても大切なところです。

私が二十五歳でＩＭＳのお世話になると決めたときの給料は、月三万円でした。この数字は当時の相場の金額でした。つまり高くも安くもない。しかし、私の場合は付帯条件がついていました。「残業代は一円も出ない」ということでした。

この付帯条件は昼夜を問わず働きづめの私にとっては、ずいぶん割の合わないものでした。「冗談じゃない。それなら定時に帰らせてもらいます」という価値観を持つ人もきっといることでしょう。

でも「入ったからには三年間は絶対に辞めない」という約束もしたことだし、それより何より初めは事務系統をこなす人間は私しかいなかった。この辺が従業員何千人の企業と違うところですが、私は残業代なしで働くことを、一度たりともつらいとか損だとか思ったことはなかった。

なぜなら、自分のような若輩にとっては、何でも勉強だという気持ちがあったことが一つ。もう一つは、私は働くことが好きでしたから、一言の文句も言うことなくがむしゃらに働きました。

そうしたら会社はちゃんと役職につけて給料を上げてくれました。そして二十八歳で部長になったときは、当時の同年齢の人が得ている平均的給料の三倍から四倍の金額が貰えるようになっていたのです。

●つらかった時期も……

しかし人生というものは「禍福はあざなえる縄のごとし」で、いいことばかりが続くものではありません。

三十五歳になったとき、会社がコンピュータのソフトウエアの子会社を作り、私はその子会社の社長を兼務するようになりました。

ここまでは良いことずくめでしたが、その後に予想もしない運命が待ち受けていたのです。ちょうど本厄年にあたる四十一歳のときのことでした。

　かつて面接で即決採用して、ビジネスマンのイロハから指導してくれた私の大恩人であるIMS日本の社長だったハンデル・エバンス氏が、イギリス本社のナンバー1と大喧嘩をして会社を辞めてしまったのです。エバンス氏はそのころ、イギリスに帰っていて、IMS本部のナンバー2の地位についていました。

　IMSを辞めたエバンス氏は、SMSという会社と組んでインターナショナル部門を設立、日本にも子会社を作ることになり、私に「会社の代表を頼みたい」と言ってきたのです。

　SMSはアメリカの病院にコンピュータシステムを売る会社でした。しかし、当時の私にはIMSを辞める理由がまったくありません。もう四十代に入っていることでもあるし、妻子も抱える身です。現状を守りたいなら「嫌です」という選択肢も残されていました。

　しかし、大恩人エバンス氏のため、私はあっさりとIMSを辞め、SMSの設立に参画しました。しかし、この会社はうまくいきませんでした。四年間やって、売り上げゼロで解散の憂き目を見ることになったのです。

この時期、私を襲った不運はそれだけではありませんでした。ＳＭＳでの心労などから胃潰瘍になってしまったのです。さらに追い討ちをかけるように、母亡き後、母親代わりをしてくれた姉が母と同じガンで他界してしまったのです。

●悪いことばかりが続くことはない

しかし、私はどこまでも幸運に巡り合う人間のようです。厄年が明けるのを見計らったようにまた幸運が巡ってきました。

ＳＭＳがだめになって、さて次に何をしようかと思案していたとき、アメリカの光学器械会社から「日本に販売会社を作るので、そこの社長に……」という話が舞い込んできたのです。

当時の私は無職ですから、願ってもない良い話でした。ところが担当者から色々条件など聞いているときに、今度はアデコ（創立時はアディアジャパン）というスイス資本の人材派遣会社からも似たような話が持ち込まれました。

当時、日本での人材派遣は「正常な雇用を妨げる」として認められていなかったのですが、ちょうどこの年、一九八五年六月に「人材派遣法」が国会を通り、人材派遣が公式に認められるようになったのです。

アデコという会社は、以前からその機会を窺っていて、法律的にOKになったので「さあ会社を始めよう」ということになったものの、肝心の社長になる人材が見つけられないで困っていました。

考えたあげく私は光学器械の会社を断り、人材派遣のほうを選びました。同じ外国資本の日本法人の社長になる条件なのに、なぜ人材派遣の仕事のほうがいいと思ったのか。理由は二つ。

一つは人材派遣という仕事は世の中の趨勢に沿ったビジネスで、将来性が高いと思ったこと。もう一つは人材派遣の仕事が日本ですべて完結する仕事だったことです。派遣スタッフを募集するのも国内なら、派遣先のクライアントを開拓するのも国内だけ。ということは、日本人のわれわれさえがんばれば、何とでもなります。

SMSのときは、病院向けのソフトウエアをアメリカで作っていたため、システムが異なる日本で使えなかった。私はそのことを何度も指摘したのですが、アメリカ側は自分たちのソフトに自信を持ち過ぎ、私の言うことを聞いてくれませんでした。

その経験から「日本でビジネスを展開するなら、日本人の言うことを聞いて、任せてくれるのでなければ困るな」と思っていたのです。アデコは私の言い分を全面的に認めてくれたのです。

●売上千三百億円の会社に

人材派遣の仕事は初めから上々の滑り出しでした。折からのバブル景気も手伝って、一年目の売り上げ目標三億円に対して実績は六億円、二年目は七億円の計画が、なんと十七億円を記録したのです。

人材派遣市場の好景気はバブルが弾け一度下降しますが、九五年から景気がやや安定し、また上昇気流に乗りはじめました。

しかし私が景気回復のタイミングを読み違えて積極投資を怠ったため、先輩会社キャリアスタッフに、大きく水を開けられてしまったのです。キャリアスタッフ二に対しアデコ一まで追いついていたのに、また四対一くらいまで差を広げられました。これを元に戻すのは大変なことに思われました。ところが、本当に運がいいことに、まもなくそのキャリアスタッフをアデコが買収するという幸運に巡り合ったのです。

このことには背景があって、実は私がアデコを始めるとき、まったくこの世界を知らなかったので、キャリアスタッフの小野憲社長（当時）に教えを乞い、以後も友好関係が続いていたのです。

四倍の会社を買収して合併したので、合併後は五倍の規模、さらに相乗効果も手伝って二〇〇一年には売上千三百億円の業界トップクラスの会社になったのです。NHKを飛び出してから四十年近い歳月が流れましたが、これまでの私の人生は本当に何度も何度も幸運に恵まれました。

そこで、このように幸運に恵まれたのは、何が原因だったのかと考えてみました。幸運が目の前に来たとき、その幸運をつかめる、幸運に乗れる位置に自分が来ていなければいけません。そのためにはどうしたら良いかを、色々と考えた結果が前章までに述べた事柄です。

この本を読んでくださった皆さんが、さらなる幸運を引き寄せ、幸せな人生を送ることができますようお祈りいたします。

【著者紹介】

重茂　達（おもい・とおる）

◉──1940年大阪生まれ。都立立川高校卒業後、事務職員としてNHKに就職。働きながら夜学で専修大学法学部を卒業、同時にNHKを退社。その後いろいろな仕事を経験した後に、25歳で、英語も喋れないのに外資系医療品の市場調査会社IMSに入社。28歳で制作部長に就任、100人の部下を持つ。35歳でその子会社の社長。45歳の時に、人生で７つ目の会社として外資系人材派遣会社の日本法人を一人で立ち上げる。

◉──16年後、このアデコキャリアスタッフ㈱を年間1300億円の売上げ、常時派遣就労スタッフ35000人（2001年12月現在）のトップ企業に成長させた。その経営手腕と先見性は高く評価されている。

◉──2001年12月末、同社社長を勇退。以降、同社の取締役相談役の傍ら、これまでの経験を活かし、経営サポートサービス㈱を設立。多くの企業家に、経営実務の支援をしている。

35歳《さい》までに必《かなら》ずやるべきこと　〈検印廃止〉

2002年６月26日　第１刷発行
2003年２月24日　第14刷発行

著　者──重茂　達©
発行者──境　健一郎
発行所──株式会社かんき出版
東京都千代田区麹町4-1-4西脇ビル　〒102-0083
電話　営業部：03(3262)8011㈹　総務部：03(3262)8015㈹
編集部：03(3262)8012㈹
FAX　03(3234)4421　振替　00100-2-62304
http://www.kanki-pub.co.jp/

印刷所──ベクトル印刷株式会社

乱丁・落丁本は小社にてお取り替えいたします。

ISBN4-7612-6024-6 C0034